J. L. Kaufmann

Die Ermordung Abraham Lincolns

J. L. Kaufmann

Die Ermordung Abraham Lincolns

ISBN/EAN: 9783743327726

Hergestellt in Europa, USA, Kanada, Australien, Japan

Cover: Foto ©ninafisch / pixelio.de

Manufactured and distributed by brebook publishing software
(www.brebook.com)

J. L. Kaufmann

Die Ermordung Abraham Lincolns

Die

Ermordung Abraham Lincoln's;

und

die Geschichte

der großen Verschwörung.

Eine vollständige Beschreibung dieses Ereignisses von seinem Anfange bis zum Ende, Skizzen der hauptsächlichsten Theilnehmer, Berichte über das Leichenbegängniß u. s. w.

Nach dem Englischen

von J. L. Kaufmann.

Vollständig illustrirt.

Cincinnati, Ohio.
Herausgegeben von J. R. Hawley & Co., 164 Vine Straße.
1865.

Vorrede.

Der stechende Schmerz und die überall tiefliegende Trauer derjenigen, welche Abraham Lincoln am besten kannten und liebten, — die eingeborenen und adoptirten Massen der wiedergeborenen Republik, — sind nicht allein beschränkt auf die Millionen, welche durch seine weise Staatsklugheit und strenge Anhänglichkeit zum Rechte noch sagen mögen zu den Unterdrückten anderer Länder: „Kommt, wie eure Brüder gekommen sind, unsere glorreiche Union ist wieder hergestellt, ein Asyl der Bedrückten."

Das schreckliche Elend, welches unser Land mit dem schwarzen Mantel der Finsterniß umhüllt, betrifft uns nicht allein. Es erstreckt über die ganze Erde. Die mächtigen Nationen Europa's stehen verstummt da über diese schreckliche That. Brittanien's königliche Wittwe bemitleidet ihre betroffene Schwester Columbia. Der Löwe zähmt sich, wenn er die Schmerzen des Vogel's Jupiters gewahr nimmt. Gallien zeigt zurück auf seine Schreckensregierung, und wundert sich, ob nicht auch Ströme Blutes in Amerika fließen werden, wie dort in den Tagen Robespierres. „Nicht so, Neffe deines Oheim's. Der Mantel Elijah's ist auf Elisha gefallen; Columbia hat festes Vertrauen in ihrem Johnson."

Das classische Italien läßt an der unbeendigten Statüe seinen Meisel fallen; der Pinsel versagt der Leinwand seine Pflicht. Unser Hosmer und Power's halten eine Weile in ihrer Arbeit ein und fragen sich innerlich: „Wer wird aus Marmor ein Ebenbild schaffen können von dem edelsten Werke Gottes — einem guten Manne?"

Ihr Heimathsländer des Kosciusko und Kossuth, weinet! Ja, wohl mögt ihr weinen über den zum Märtyrer gewordenen Staatsmann; aber verzaget nicht. Wartet nur noch eine kurze Zeit und Alles wird sich zum besten wenden für die Sache der Freiheit. Schreckliche Unglücksfälle, welche Nationen betreffen, bringen heldenmüthige Vertheidiger des Rechtes hervor. So thaten die schwarzen Geister der Sclaverei und der verfluchte Geist des Verraths, indem sie einen Mann an's Staatsruder riefen, welcher lebte, um Zeuge der Ausrottung dieser beiden brennenden Einflüsse aus dem Lande zu sein, welches er nicht weniger ehrte, als das Volk ihn jetzt ehrt und für alle Zeiten sein Andenken ehren wird.

Seinem edlen Kaiser zu Danke hat der russische Bär sein Gebrüll über Knechtschaft verstummen lassen, und das unsterbliche Edikt unsers Lincolns hat mehr als vier Millionen Geschöpfen die Fesseln gelößt, sonst Sclaven, jetzt Menschen. Wohl mögen sie jetzt ihren häuslichen, aber dennoch freudigen Gesang anstimmen: „Das Königreich ist gekommen, im Jahre des Jubelfestes."

Wie fürchterlich auch das Gottesurtheil war, durch welches die Nation ging, da bleibt doch immer das stolze Bewußtsein zurück, daß sie niemals wankte in ihrem festen Vorsatze, ihre Stellung als das Land der Freiheit, die Heimath der Bedrängten zu behaupten. Nein, noch mehr, ihre Macht und Größe ist viel bedeutender jetzt, denn damals, wenn der rebellische Pöbel seine höllischen Pläne entwarf, wegen welcher er jetzt da steht, verflucht von Gott und allen guten Menschen. Der Regenbogen der Verheißung zerstreut jetzt die Wolken der Zweifel über den Fortbestand der Republik und Alles wird noch gut sein.

Das große Schauspiel ist seinem Schlusse nahe. Vier Aufzüge, jeder von einem Jahre, sind von einer lebenden Schaar wehklagender Wittwen und Waisen angesehen worden. Der Vorhang wird bald auch über den fünften fallen. Gerächte Gerechtigkeit, Wiedervergeltung und die Büßung der Verräther auf dem Galgen für ihre gräßlichen Thaten, werden einen passenden Schluß zu diesem Trauerspiele bilden, auf welches noch nicht geborene Generationen zurückschauen werden mit einem gemischten Gefühle der Verwunderung und des Entsetzens.

Geschichtsschreiber der Zukunft werden in Zweifel darüber sein, auf welchen von den beiden Schauspielern das vollste Maß der Verwünschung aller Menschen fallen soll—den bluttriefenden Meuchelmörder des Trauerspieles oder den feigen, memmenhaftigen Comödianten der Posse, welche soeben vorgestellt wurde.

Solches, wie das oben geschriebene waren unsere ersten Gedanken. Ruhig zu sprechen oder zu schreiben, ist jetzt eine schwere Aufgabe. Die

Kanzel und die Bühne haben die Talente der Nation aufgerufen, aber das Thema ist zu groß. Unser Clay, Webster und Everett sind nicht mehr.

Wir schließen unsere kurze Vorrede mit einigen Bemerkungen, aufgefaßt in unseren ruhigeren Momenten.

Unter den Erklärungen John Felton's, welcher den Herzog von Buckingham ermordete, gaben Umstände Veranlassung zu der Hervorhebung des folgenden: „Es gibt keine Verbindung, die dem Menschen näher ist, als die Verbindung mit seinem Vaterlande."

Jeder Mörder öffentlicher Männer und jeder Aufwiegler gegen die Gesetze seines Landes hat sich wahrscheinlich überredet, daß er durch edele Beweggründe angetrieben sei und deßwegen ängstlich, seinen berüchtigten Patriotismus auf dem Blatte der Geschichte leuchten zu lassen.

In unsern Verordnungen, wahre Vaterlandsliebe erkennt das Land in seinem treuen und vertrauenswerthen Stellvertreter; und der gute Präsident der Vereinigten Staaten wird dem amerikanischen Volke immer ein Gegenstand unbegrenzter Werthschätzung bleiben, mit wenig Rücksicht auf gewöhnliche politische Meinungen irgend einer Partei. Wenn ein Mann sein Vaterland durch die tiefsten Gefahren und größten Leiden geführt, so sollte er in seines Volkes tiefster Liebe seine Belohnung finden; und wenn es eine tiefere Liebe gibt, als die, welche alle loyale Männer heute für das Andenken des Märtyrer-Präsidenten hegen, seine Kundgebungen sind dann unbekannt.

Abraham Lincoln wurde mit Recht der gute Präsident genannt. Von Anfang an wagte er es, Gerechtigkeit zu üben, gleich gegen große Vorurtheile auf der Seite schwacher Richter; und seine Handlungen, während dem stürmischen Termin seiner Administration, haben ihm ein stolzeres Monument aufgebaut, als das beraubte Volk je seinem Namen widmen kann. Granitblöcke und Marmorsäulen sind nicht nöthig, um das Gedächtniß dieses christlichen Staatsmannes und des zum Märtyrer gewordenen Patrioten in den Herzen aller Freiheit liebenden Männer überall an Gottes Fußschemel zu verewigen; und durch den Record seiner Thaten wird er immerfort der Welt zurufen: „Ich lebe noch."

„Milde gegen Alle, Haß wider Niemand," war eine von seinen Herzens Erklärungen. Dieser Grundsatz bezeichnete sein Leben, gab seinen Handlungen Nachdruck und durchdrang seine ganze Politik. Daß so ein Mann einen persönlichen Feind haben konnte, ist unbegreiflich, und scheint gänzlich unmöglich zu sein, bis es sich erklärt als ein Auswuchs der Secessions-Krankheit, welche das Gehirn der Mörder verrückte, und sie fähig machte durch inquisitorische Lehren das schwärzeste Verbrechen zu begehen; und wie auch immer diese Vorfälle verbessert, ausgelegt, entschädigt oder gewöhnlich verdunkelt werden, der natürliche Verstand des Volkes wird sie aber doch zwingen, diese verdammenswerthe That als den Höhepunkt der Secessionslehre anzusehen.

Die entsetzliche Thatsache der Ermordung des Präsidenten Lincoln bedarf nur geringer Anmerkung hier. Das Volk hat es genugsam erwogen und wartet ruhig auf Resultate, welche seine vollständige Sühnung bringen. Es verlangt nichts unbilliges und fühlt, daß dieses Verbrechen durch keinen Grad von Bestrafung kann ermessen werden. Enthüllungen, die in diesem Augenblicke ihren Fortgang nehmen, bringen die dunkeln (schwarzen) Verwicklungen der größten Verschwörung an den Tag, welche je unsere Annalen befleckt hat; und durch das ganze Land aus jedem loyalen Weiler steigt die heiße Bitte für Gerechtigkeit zu Gott empor.

Der große und kluge Steuermann, welcher das Fahrzeug unserer Nation durch den gefährlichen Sturm in Sicherheit geleitete, liegt kalt in seinem Grabe, und der Schutzgeist der Freiheit wird für immer den unersetzlichen Verlust beweinen. Lasset uns sein großes Beispiel zu Nutzen machen und uns bemühen, seine Tugenden nachzuahmen.

Abraham Lincoln

Ein Abriß seiner Lebensgeschichte.

Abraham Lincoln wurde in dem Theile von Hardin County, Kentucky, geboren, welcher seitdem Larue genannt wurde. Seine ältern Vorfahren waren von Berks County, Pennsylvanien. Sie zogen von dort nach Rockingham County, Virginien, wo Abraham der Großvater und Thomas der Vater des Herrn Lincoln geboren wurden. Im Jahre 1780 setzte sich Abraham Lincoln in Kentucky fest, welches zu jener Zeit noch eine Wildniß, angefüllt mit Wilden, war. Seine rohe Hütte war zwei bis drei Meilen von dem nächsten weißen Ansiedler entfernt. Das Leben in diesem Theile von Kentucky war in einer beständigen Gefahr. Der Ansiedler trug sowohl seine Flinte als seine Axt zu seinem täglichen Arbeitsplatze, die eine just so nöthig für seinen Schutz, als die andere zu seiner Arbeit. Des Nachts, wenn sich die Familie zur Ruhe legte, wurde das Gewehr so gestellt, daß es immer zur Hand war.

Vier Jahre lang wußte Abraham Lincoln der Gefahr auszuweichen, während in der nächsten Nachbarschaft ganze Familien von den Indianern ermordet wurden. Am Ende dieses Zeitraumes wurde er eines Tages, als er damit beschäftigt war, ein Stück Land, welches ungefähr vier Meilen von seiner Wohnung gelegen war, baubar zu machen, plötzlich von den Indianern angegriffen und getödtet, und seine scalpirten Ueberreste wurden den nächsten Morgen gefunden. Dieser Schlag fiel schwer auf seine Wittwe, welche jetzt allein war in der Wildniß mit ihren drei Söhnen und zwei Töchtern und sehr wenig Geld besaß um Lebensmittel zu kaufen. Durch Armuth gezwungen, sich von einander zu trennen, alle die Kinder, nur Thomas ausgenommen, verließen das County; der zweite Sohn zog nach Indiana, und der Rest nach anderen Theilen Kentucky's. Als Thomas zwölf Jahre alt war, verließ er auch die Heimäth, kehrte aber bald wieder nach Kentucky zurück, und im Jahre 1806 heirathete er Fräulein Nancy Hanks, welche in Virginien geboren war, so daß alle die unmittelbaren Vorfahren des Präsidenten auf südlichem Boden geboren wurden. Madame Lincoln konnte lesen aber nicht schreiben; ihr Gemahl konnte beides nicht, ausgenommen seinen Namen auf eine solche Weise dahin zu schmieren, daß es nur einige seiner nächsten Freunde entziffern konnten. Seinen eigenen Mangel an Ausbildung bedauernd, würdigte er doch völlig die Vorzüge einer guten Bildung, und ehrte die höhere Gelehrtheit Anderer. Er war bekannt durch seine Herzensgutheit, seinen großen Fleiß und Ausdauer. Madame Lincoln, wenn auch keine Bildung besitzend war gesegnet mit viel natürlichem Talente, einem excellenten Verstand und gutem Sinne. Diese Gaben, zusammen mit ihrer Frömmigkeit, machten sie zu einem passenden Gefährten für einen Mann von Thomas Lincoln's Eigenschaften. Sie war eine Mutter, deren Beispiel und Lehren es nicht verfehlen konnten, von großem Nutzen in der Bildung der Gemüthsarten ihrer Kinder zu sein. Dieses schätzbare Paar hatte drei Kinder — eine Tochter, einen Sohn, der in der Kindheit starb, und Abraham, der am 12. Februar 1809 geboren wurde. Seine Schwester erreichte die Jahre der Weiblichkeit und heirathete, starb aber bald ohne Nachkommen.

Obgleich Herr Lincoln ein Südländer von Geburt und Residenz war, so wurde er doch früh durchdrungen von einem Ekel für Sclaverei. Wenn er die Trübsale dieser „eigenen Institution" sah, langte er für Freiheit von den unangenehmen Wirkungen eines Gesellschaftzustandes, welcher einen armen Weißen niedriger machte als den Neger. Solche Gesinnungen hegend wünschte er gerne seinen Residenzplatz zu wechseln. Früh im Oktober 1816 traf er Vorbereitungen, nachdem er einen Käufer für seine Farm gefunden hatte, um sein Eigenthum fortzubringen und fortzuziehen. Zehn Fässer mit Branntwein (Whisky), jedes vierzig Gallonen enthaltend, bildeten den Verkaufspreis der Farm, und obgleich Herr Lincoln ein mäßiger Mann war, nahm er die Bedingungen an, weil solche Unterhandlungen häufig waren, und als paßlich angesehen wurden. Der Werth des Branntweins war 280 Dollars und 20 Cents in Geld. Herr Lincoln, mit der unbedeutenden Hülfe, die der kleine Abe ihm geben konnte, verfertigte ein Flachboot, auf welchem er bald mit seinen Hausgeräthen, Werkzeugen und den Fässern mit Branntwein den Rolling Fork Fluß hinunter schiffte, auf seinem Wege nach Indiana. Als er aus dem Rolling Fork Fluß in den Ohio Strom kam, kippte das Boot um und Alles, was darauf war, fiel in den Fluß. Mit der Hülfe einiger Männer am Ufer rettete er einiges Geschirr, Aexten und drei Fässer mit Branntwein. Sich noch einmal auf den Weg machend, erreichte er eine wohlbekannte Fähre an jenem Flusse, von wo aus ihn ein Mann, der in jener Gegend wohnte und dem er hernach das Boot als die Bezahlung seiner Dienste gab, in das Innere des Landes begleitete. Er reisete mehrere Tage unter großen Beschwerlichkeiten, die meiste Zeit beschäftigt einen Weg zu hauen, der weit genug war, um ein Gespann durchzulassen; und nach achtzehn Meilen war Spencer County, Indiana erreicht. Nachdem der neue Wohnplatz bestimmt war, so kehrte Herr Lincoln zu Fuß nach Kentucky zurück und traf Anstalten, um seine Familie hinüberzubringen. Die Gesellschaft sagte nach dem Verlaufe einiger Tage der alten Heimath „Adieu", Madame Lincoln und ihre Tochter saßen auf einem Pferde, der Vater auf einem und Abe auf einem dritten. Nach einer ſebentägigen Reise durch ein unbewohntes Land, eine Decke auf den Boden gelegt, als ihr Nachtquartier, kamen sie auf der zum Wohnplatze auserlesenen Stelle an, und es wurde keinen unnöthigen Verzügen erlaubt, sich in die augenblickliche und erfolgreiche Aufräumung eines Hausplatzes zu mischen. Eine Axt wurde dem Abe in die Hand gegeben, und mit der Hülfe eines Nachbars hatte Herr Lincoln in zwei Tagen ein Haus, ungefähr achtzehn Quadratfuß groß. Es hatte nur ein Zimmer, aber einige Bretterabfälle (slabs) überkopfs auf die Blöcke gelegt, gaben noch einigen Raum dazu, welchen man durch das Ersteigen einer rauhen Leiter, die in einer Ecke des Hauses stand erreichen konnte. Diese Dachstube war Abe's Schlafzimmer. Ein Bett, ein Tisch und vier Schemel wurden dann von den zwei Ansiedlern, dem Vater und Sohne, gemacht und das Haus war für die Bewohnung fertig. Er, der kürzlich die erhabendste Stelle inne hatte, die das amerikanische Volk schenken kann, der im „Weißen Hause" in Washington seinen Sitz hatte und von allen Bequemlichkeiten, die Reichthum und Macht geben, umgeben war, schlief dort unter dem Dache Nacht für Nacht jahrelang, eine rauhe Decke als Matratze und eine andere zur Bedeckung. Den langen Winter hindurch vergaß Abe niemals sein Buchstabiren und Lesen; denn ehe er Kentucky verlassen, hatte er die Schule besucht, obgleich nur für eine kurze Weile. Er übte sich auch mit der Büchse und wurde ein ziemlich guter Schütze, zur großen Freude seiner Eltern.

Als die Familie ungefähr ein Jahr in Indiana gewohnt hatte, starb Madam Lincoln. Abe fühlte den Verlust sehr. Er war immer ein gehorsamer Sohn und sie ihm eine geliebte Mutter gewesen. Nicht lange nach Madam Lincoln's Tode erbot sich ein junger Mann, Abe schreiben zu lehren. Dieses war eine gute Gelegenheit voll großer Vortheile um sie zu verwerfen, und nach ein paar Wochen Uebung, unter dem Auge seines Lehrers oder außer dem Hause mit einem Stück Kreide oder einer Kohle, war er fähig seinen Namen zu schreiben, und in weniger als zwölf Monaten schrieb er schon einen Brief.

Im Verlaufe des nächsten Jahres heirathete Herr Lincoln Madame Sally Johnston, eine Wittwe von Elisabethtown, Kentucky, mit drei Kindern. Zwischen dieser Dame und Abe entsprang eine große Anhänglichkeit. Sie war in jeder Hinsicht fähig, den Platz einzunehmen, welcher durch den Tod der Mad. Lincoln erledigt war. Zur Zeit der zweiten Verheirathung des Herrn Lincoln's, zog ein Mann mit Namen Crawford in die Nachbarschaft und öffnete eine Schule, zu welcher auch Abe geschickt wurde. In dieser Schule machte er sehr gute Fortschritte im Schreiben und Lesen, und wurde auch Meister der Rechenkunst. Seine Schultracht bestand aus einem Anzuge zugerichteten Bocksleders und einer Kappe von Raccoon Fell. Er war sehr stolz auf seine Studien, sein gutbehaltendes Gedächtniß machte ihn zum Lieblingsschüler seines Lehrers. Um einen gewöhnlichen Ausdruck zu gebrauchen, seine Ausbildung war nach einem kurzen Schulbesuche vollendet. Die meisten unwissenden Ansiedler in der Nachbarschaft brauchten ihn als ihren Schreiber, wenn sie Briefe zu schreiben hatten. In einem sechs Monate langen Unterrichte in den Wänden eines unbedeutenden Schulhauses, bestand die ganze Erziehung, die Abraham Lincoln während einer langen Lebenszeit genoß.

Vier oder fünf Jahre lang, nachdem er die Schule verlassen, und bis er achtzehn Jahre alt war, arbeitete er mit der Axt im Holze, Bäume umhauend und Riegel spaltend, und während des Abends las er solche Werke, als er unter den Ansiedlern erhalten konnte. Ein Jahr nachher kam er bei einen Mann, der in der Nachbarschaft wohnte, für zehn Dollars den Monat in die Arbeit, um auf einem Flachboote mit Waaren beladen nach New-Orleans zu gehen, welche zum Verkaufe bestimmt waren, auf den Pflanzungen am Mississippi Flusse, nahe bei der „Crescent City," und nur noch mit einem Begleiter, begab er sich auf die sehr gefährliche Reise. Des Nachts fuhren sie an's Ufer, und schliefen auf dem harten Verdecke, mit nur einer Decke als Bedeckung, und den Tag hindurch, ob nun ihre Reise durch Sonnenstrahlen erheitert, oder äußerst unangenehm gemacht wurde durch heftige Stürme, ihr Fahrzeug floß den Strom hinunter, dessen Steuermänner nie ihren Muth verloren, oder bereueten, die Stellung angenommen zu haben, welche sie inne hatten. Nichts fiel vor, den glücklichen Erfolg ihrer Reise zu stören, noch die Aufregung, welche gewöhnlich eine Flachboot-Expedition von ungefähr achtzehnhundert Meilen befällt, außer einem Mitternachtsangriffe durch eine Anzahl Neger, welche nach einem heftigen Kampfe durch Abe und seinem Kameraden geschlagen und in die Flucht getrieben wurden. Nachdem sie die Waaren mit nicht unbedeutendem Gewinne abgesetzt hatten, kehrten die jungen Kaufleute nach Indiana zurück.

Im Jahre 1830 zog Herr Lincoln nach Illinois, indem er seine Hausgeräthe in großen von Ochsen gezogenen Wägen mit sich führte; Abe als der Treiber eines Gespannes. In vierzehn Tagen erreichte er Decatur, Macon County, Illinois, fast in der Mitte des Staates, und nach dem Verlaufe eines andern Tages kam er auf einem Stücke Landes von zehn Ackern an, gelegen an der Nordseite des Sangamon Flusses, ungefähr zehn Meilen westlich von Decatur. Gleich nach ihrer Ankunft errichteten sie ein Blockhaus, und Abe spaltete Riegel zur Einfassung des Hausplatzes. Als ein Riegelspalter, Ackersmann oder Jäger, von dessen großer Genauigkeit im Schießen die täglichen Nahrungsmittel der Familie in großem Maßstabe abhängig waren, war Abraham Lincoln fleißig, ernst und arbeitsam, und als er im folgenden Frühjahr seinen Entschluß kund gab, die Heimath zu verlassen und sein Glück in der Fremde zu suchen, wurde diese Nachricht von seinen Eltern und Freunden mit dem tiefsten Schmerze aufgenommen. Seine Kleider zusammenpackend, begab er sich westwärts und vermiethete sich auf eine Farm in Menard County. Hier blieb er den Sommer und Winter hindurch, sich die ganze Zeit hindurch im Lesen, Schreiben der Sprachlehre, und dem Rechnen übend.

Früh im nächsten Frühjahr wurde er von einem Manne, Offut mit Namen, gemiethet, um ihm zu helfen, ein Flachboot nach New-Orleans zu bringen, und als es unmöglich war, ein passendes Boot zu kaufen, lieh ihm Abbe eine willige und fleißige Hand, eines in Sangamon zu bauen, von wo sie mit demselben, als es fertig war, den Fluß hinunter schifften, in den Mississippifluß. Nach vollbrachter Reise war sein Arbeitsgeber mit seiner Arbeitsamkeit und Geschicklichkeit so zufrieden, daß er ihn anstellte, als Verwalter seiner Mühle und seines Stores, welche er in dem

Städtchen New Salem besaß. In dieser Stellung gewann sich der „ehrliche Abe," wie er jetzt genannt wurde, den Respekt und das Vertrauen aller derjenigen, mit welchen er Geschäfte hatte, während er sich in gesellschaftlicher Hinsicht die Liebe aller Einwohner, sowohl jung als alt, erwarb.

Der „Black Hawk" Krieg brach im Anfange des folgenden Jahres aus, und als der Gouverneur von Illinois einen Aufruf für Truppen ergehen ließ, bot Abe seine Dienste an. Eine Compagnie war bald gebildet, und Abe wurde einstimmig zum Capitän erwählt. Die Compagnie marschirte nach Bardstown, und von dort nach dem Kriegsschauplatze; aber während dem Termin ihrer Anwerbung — für dreißig Tage — wurden sie nicht in thätigen Dienst gerufen. Als eine neue Anwerbung dann vorgenommen wurde, ließ er sich als Gemeiner einschreiben, und am Ende der nächsten dreißig Tage ließ er sich abermals einschreiben, und er blieb mit seinem Regimente, bis der Krieg vorüber war.

Nicht lange nach seiner Rückkehr aus diesem Feldzuge, machten ihm einige einflußreiche Bürger von New Salem ihre Aufwartung, und fragten ihn um seine Bewilligung, ihn für die nächste Gesetzgebung zu nominiren. Er hatte nur erst neun Monate in dem County gewohnt, aber da ein durchgängiger „Henry Clay Mann" nöthig war, so wurde er für den passendsten Candidaten gehalten. Dort waren acht Aspiranten für die Stelle in der Gesetzgebung, und obgleich er zweihundert und siebenundsiebenzig Stimmen aus zweihundert und vierundachtzig in Salem abgegebenen Stimmen erhielt, wurde er nicht erwählt, da ihm der erfolgreiche Candidat durch ein paar Stimmen voraus war, die er durch eine schwere Stimmenzahl auf dem Lande erhalten hatte.

Er begab sich bald nach seiner Niederlage in das Handlungsgeschäft, verkaufte aber nach ein paar Monaten aus, und unter der Aufsicht John Calhoun's — in späteren Jahren in Verbindung mit der Lecompton-Convention — schritt er fort im Landmessen, eine Beschäftigung, die er mehr als ein Jahr für einen Anfänger als eine sich sehr gut bezahlende fand. Er war auch Postmeister in New Salem für eine Zeit lang.

Im August 1834 wurde er in die Gesetzgebung gewählt, und in 1836, 1838 und 1840 wieder erwählt. Er beschloß, ein Advokat zu werden, während er der ersten Sitzung der Gesetzgebung, zu welcher er erwählt war, beiwohnte, und als er durch die Güte des Achtb. John T. Stuart in den Besitz der nöthigen Bücher kam, verlegte er sich auf's Studiren, und im Jahre 1836 wurde er zugelassen, als Advokat zu praktiziren. In 1837 wurde er ein Genosse des Herrn Stuart zu Springfield.

Im März 1837 wurde in dem Repräsentantenhause von Illinois ein Protest eingereicht, unterschrieben von Daniel Stone und Abraham Lincoln, Repräsentanten von Sangamon County. Dieses ist der erste Record, welchen wir über die Meinung des Herrn Lincoln in Hinsicht der Sklavenfrage haben.

Herr Lincoln war ein Whig-Candidat für Präsidentenwähler in jeder Wahlcampagne von 1836 bis 1852, und in 1844 hielt er Reden durch den ganzen Staat Illinois, für Henry Clay, und nach Indiana gehend, sprach er täglich zu großen Versammlungen, bis zum Tage der Erwählung. Seine Sprechart gefiel den Massen des Volkes, und seine ernsten Appellationen wurden nicht nur gut aufgenommen, sondern brachten für seinen Lieblings-Candidaten große Vortheile hervor. Er war gewohnt, von früher Kindheit an, an die Gewohnheiten und Eigenthümlichkeiten aller Arten von Menschen, und er wußte genau, welche Sprachweise seinen Zuhörern am besten paßte, und die Folge war, daß man ihm immer mit einem größeren Grade von Aufmerksamkeit und Interesse zuhörte, als vielen andern politischen Rednern.

Im Jahre 1846 wurde Herr Lincoln von dem Central-Distrikte von Illinois in den Congreß erwählt, mit einer Mehrheit von über 1500 Stimmen — die größte Zahl, die je einem Candidaten, welcher der demokratischen Partei gegenüber stand, in jenem Distrikte gegeben wurden. Illinois wählte in jenem Jahre sieben Repräsentanten, alle Demokraten, Herr Lincoln allein ausgenommen.

In der Whig-Convention des Jahres 1848 war er ein thätiger Delegat, und befürwortete recht ernstlich die Auswahl des General Taylor, als den Nominee für die Präsidentschaft.

Er war ein Candidat vor der Gesetzgebung von Illinois für V. St. Senator; aber seine politischen Gegner hatten die Mehrzahl und General Shields wurde erwählt.

Von der Zeit an bis 1854 beschränkte er sich lediglich auf seine Profession. In diesem Jahre begab er sich wieder in das Feld der Politik und kämpfte unermüdlich in der berühmten Wahlschlacht, welche einen Sieg auf der der demokratischen Partei gegenüberstehenden zur Folge hatte. Während der Stimmenwerbung wurde Herr Lincoln oft in Streitfragen mit Stephan A. Douglas auf der Rednerbühne gebracht. Eine dieser Streitreden wurde am vierten Oktober 1854 während der jährlichen Staatsfair gehalten und für die größte Streitrede während der ganzen Campagne gehalten.

Am zweiten Juni 1858 kam die Republikanische Staats-Convention zu Springfield zusammen und nominirte Herrn Lincoln als ihren Candidaten für den Vereinigten Staaten Senat. Der Streit, welcher folgte, war einer der am meisten Staunen und Verwunderung erregenden, welcher je in diesem Lande wahrgenommen wurde. Herr Douglas, sein Gegner, hatte sehr wenige, die ihn als politische Wortwechsler übertrafen, und während er sich viele Feinde gemacht hatte, durch die Stellung, die er gegen die Nebraska-Bill behauptete, hatte sich seine persönliche Popularität sehr vergrößert, sowohl durch seine Unabhängigkeit, als auch durch den Wiederstand, welchen die Administration für ihn an den Tag legte.

Während der Wahlcampagne sprach Herr Lincoln folgender Maßen über die Unabhängigkeits-Erklärung:

„Diese Gemeinschaften (die dreizehn Colonien) sagten durch ihre Stellvertreter in der Unabhängigkeits-Halle der Menschheit: „„Wir halten diese Wahrheiten für selbstverständlich, daß alle diese Menschen gleichgeboren sind; daß sie von ihrem Schöpfer mit unveräußerlichen Rechten ausgestattet, und daß zwischen diesem Leben, Freiheit und Streben nach Glückseligkeit sind.“

„Dieses war ihre erhabene Auslegung der Oekonomie des Weltalls. Dieses war ihre hohe, weise und edle Verstehung der Gerechtigkeit des Schöpfers gegen seine Geschöpfe. Ja, meine Herren, gegen alle seine Geschöpfe, der ganzen Menschenfamilie. Nach ihrer erleuchteten Ueberzeugung wurde nichts, welches Gottes Ebenbild besaß, in die Welt geschickt, das durch seine Gefährten sollte betreten, erniedrigt, oder dem Viehe gleichgemacht werden. Sie umfaßten nicht allein die damals lebende Menschenrace, sondern sie griffen vorwärts und zogen die entfernteste Nachkommenschaft mit hinzu. Sie errichteten einen Leuchtthurm, um ihre Kinder, Kindeskinder und die unzähligen Myriaden, welche die Welt in kommenden Zeiten bewohnen werden, zu geleiten.

„Als weise Staatsmänner, die sie waren, wußten sie den Hang des Wohlstandes zur Tyrannei, und deßwegen errichteten sie diese großen selbstverständlichen Wahrheiten, daß, sollte in einer zu kommenden Zeit irgend ein Mann oder eine Faction oder ein Einfluß die Lehren etabliren, daß Niemand als der reiche Mann, oder der weiße Mann, oder der angelsächsische Weiße berechtigt wäre zum Leben, zur Freiheit oder zum Streben nach Glückseligkeit, ihre Nachkommenschaft zurückschauen sollte auf die Unabhängigkeitserklärung und Muth fassen, um die Schlacht, die ihre Väter anfingen, zu erneuern, auf daß nicht Wahrheit, Gerechtigkeit und Gnade, und alle die menschlichen und christlichen Tugenden aus dem Lande verbannt wurden, und daß Niemand es hiernach wagen dürfte, die großen Urgründe, worauf der Tempel der Freiheit gebaut war, zu umschreiben oder die Grenzen derselben zu verrücken.

„Nun, meine Landmänner, wenn Ihr seid Lehren gelehrt worden, welche gegen die großen Landmarken der Unabhängigkeitserklärung anstoßen, wenn Ihr Vorschlägen zugehört habet, die ihre Größe vermindern und das schöne Ebenmaaß ihrer Form verstümmeln würde, wenn Ihr Euch geneigt gefunden habt, zu glauben, daß alle Menschen nicht gleich erschaffen sind in diesen unveräußerlichen Rechten, auf der Karte unserer Freiheit aufgezählt, lasset mich Euch inständig bitten, zurück zu kommen und zu der Quelle zurückzukehren, deren Wasser nahe bei dem Blute der Revolution entspringen. Denket nicht an mich, noch an das politische Schicksal irgend eines Mannes, sondern kehret zu den Wahrheiten, die in der Unabhängigkeitserklärung enthalten sind.

„Ihr könnt mit mir thun, was Ihr wollt, wenn Ihr nur auf diese geheiligten Grundsätze Acht gebet. Ihr möget mich nicht nur für den Senat überwinden, sondern mich nehmen und tödten. Obgleich ich gegen irdische Ehren nicht gleichgültig bin, so versichere ich hier doch, in diesem Streite von höheren Beweggründen als Aengstlichkeit nach einem Amte angetrieben zu werden. Ich bürde Euch auf, jeden armseligen und unbedeutenden Gedanken über irgend Jemandens glücklichen Erfolg fallen zu lassen. Es ist nichts; ich bin nichts und Richter Douglas ist nichts. Aber zerstöret das unsterbliche Emblem der Menschlichkeit nicht, die Erklärung der amerikanischen Unabhängigkeit."

Der Tag der Erwählung kam zuletzt, und, obgleich die Bemühungen des Herrn Lincoln einen großen Zuwachs von republikanischen Stimmen zur Folge hatten, wurden seine Strebungen für persönlichen Erfolg vereitelt. Eine Stimmenzahl von 126,084 wurden für die republikanischen Candidaten, 121,940 für die Douglas demokratischen und 5,091 wurden für die Lecompton Candidaten abgegeben; aber Herr Douglas wurde durch die Gesetzgebung, in welcher seine Unterstützer im vereinigten Ballot acht Stimmen Mehrheit hatten, zum Vereinigten Staaten Senator erwählt.

Am sechszehnten Mai 1860 kam die republikanische National-Convention zu Chicago zusammen, um Candidaten für die Präsident- und Vicepräsidentschaft zu nominiren. Im dritten Ballot fehlte Herrn Lincoln nur eine einzige Stimme, um ernannt zu werden. Einer der Delegaten wechselte dann die vier Stimmen seines Staates, und sie Herrn Lincoln gebend, sicherte er ihm die Nomination.

Am sechsten November 1860 war der Wahltag für Präsident mit folgendem Resultate: Herr Lincoln empfing 491,275 Stimmen Mehrheit über Herrn Douglas; 1,018,499 über Herrn Breckenridge und 1,275,821 über Herrn Bell; und die Stimmen wurden durch den Congreß nachher proklamirt, wie folgt:

Für Abraham Lincoln, von Illinois...............180
Für John C. Breckenridge, von Kentucky........... 72
Für John Bell, von Tennessee..................... 39
Für Stephan A. Douglas, von Illinois........... 12

Der Anfang der Verschwörung.

Einer der ersten Beamten der Buchanan Administration empfing am ersten Januar 1864 einen Brief von einem Freunde, einem in Baltimore lebenden Herrn von südlichen Gesinnungen, in welchem unter anderen Dingen angegeben wurde, daß in jener Stadt zwölftausend Mann schon eingemustert und organisirt seien, verbunden durch die feierlichsten Schwüre, nach dem Befehle ihrer Führer zu handeln, deren Absicht es war, sie gegen Washington zu marschiren, die Stadt zu nehmen, und mit solchen Verstärkungen, als sie vom Süden erhalten konnten, dieselbe zu halten, nicht allein die Inauguration des Herrn Lincoln zu verhindern, sondern sie auch zur Hauptstadt der zukünftigen südlichen Republik zu machen.

Ueber noch schrecklichere Drohungen wurde geflüstert, wie der Brief sagte, nämlich, nichts weniger als die Ermordung des Herrn Lincoln und Hamlin. In jener Zeit wurden in den Straßen Washingtons freie Wetten gemacht, wie wohl bekannt ist, daß Herr Lincoln nie als Präsident der Vereinigten Staaten inaugurirt werden würde. Diese Geschichten wurden kurz nachher geleugnet, aber nachherige Vorfälle bezeugen, daß sie doch einigen Grund hatten.

Am eilften Februar verließ Herr Lincoln Springfield, Illinois, auf seiner Reise nach Washington. Eine große Anzahl Volkes kam zusammen, um ihm ein Zeichen ihrer Achtung vor seiner Abreise zu geben.

Der Moment war ein feierlicher. Die Nachrichten der drohenden Ermordung, der gewaltsamen Verhinderung seiner Inauguration und dergleichen, hatten sowohl sein Ohr, als das seiner Mitbürger erreicht. Seine Anrede war kurz, aber ergreifend. Er sagte:

„Meine Freunde! Niemand in meiner Stellung kann die Traurigkeit würdigen, die ich bei dieser Trennung fühle. Zu diesem Volke schulde ich all, was ich bin. Hier habe ich länger als ein Viertel Jahrhundert gelebt; hier wurden meine Kinder geboren und hier liegt eines von ihnen begraben. Ich weiß nicht, wie ich Euch wieder sehen soll. Eine Pflicht ist auf mich gewälzt, die vielleicht größer ist, als irgend eine, die je auf einen Mann fiel, seit den Tagen Washingtons. Er würde nie erfolgreich gewesen sein, ohne die Hülfe der göttlichen Vorsehung, auf welche er sich zu allen Zeiten verließ. Ich fühle, daß ich nicht erfolgreich sein kann, ohne dieselbe göttliche Hülfe, welche ihn unterstützte, und auf dasselbe allmächtige Wesen setze ich meine Zuversicht auf Schutz, und ich hoffe, daß Ihr, meine Freunde, Alle für mich beten werdet, um den göttlichen Beistand, ohne welchen man Nichts kann, aber mit dessen Hülfe Alles möglich ist. Ich sage Euch noch einmal ein herzliches Lebewohl!“

Herr Lincoln zeigte während der Rede große innerliche Bewegung und Hunderte aus der Versammlung waren zu Thränen gerührt; Rufe, wie „Wir wollen für Dich beten,“ „thue Recht und fürchte Nichts,“ wurden überall gehört, und ein Gefühl tiefer Feierlichkeit ergriff die ganze Versammlung.

Nachdem Herr Lincoln Springfield verlassen, reisete er auf ruhigen Wegen über Indianapolis, Cincinnati, Columbus, Pittsburg, Cleveland, Buffalo und Albany nach New-York. Auf allen diesen Plätzen wurde er gut empfangen. Nachdem er in letzterer Stadt durch den Mayor Wood in Gegenwart des Stadtrathes von New-York bewillkommnet war, antwortete er:

„Herr Mayor! Es ist mit dem Gefühle des tiefsten Dankes, daß ich den Empfang anerkenne, welcher mir in der großen Handelsstadt New-

York zu Theil wird. Ich kann mich nur erinnern, daß mir dieser durch Leute bereitet ist, die in politischer Hinsicht nicht mit mir übereinstimmen. Es ist mit noch größerer Dankbarkeit, weil ich hierin sehe, daß in Hinsicht der großen Grundsätze unserer Regierung fast Alle einstimmig sind. In Hinsicht der Schwierigkeiten, die jetzt vor uns hintreten, und worüber Ew. Ehren es für nöthig hielten, so schicklich und recht zu sprechen, kann ich sagen, daß ich mit den Meinungen, die der Mayor ausdrückte, übereinstimme.

„In meiner Landesliebe bin ich, wie ich hoffe, hinter keinem Manne in der Union zurück. Aber ich fühle, daß man in Hinsicht der Weisheit, mit welcher die Angelegenheiten zu leiten, welche zur Erhaltung der Union dienen, zu großes Vertrauen in mich gesetzt hat. Ich bin dessen gewiß, daß ich ein aufopferndes Herz zur Arbeit bringe. Niemals würde ich freiwillig in die Zerstörung der Union einwilligen, unter welcher nicht allein New-York, sondern auch das ganze Land seine Größe erlangt hat, es sei denn, es wäre für dieselbe Sache, für welches die Union selbst gebildet wurde. Ich verstehe, daß das Schiff gebaut ist, Lasten zu tragen, und so lange, als das Schiff mit seiner Fracht segeln kann, sollte es nicht verlassen werden. Die Union sollte nie preisgegeben werden, es sei denn, daß sie fehlschlüge, und die Möglichkeit ihrer Erhaltung aufhöre, zu existiren, ohne Passagiere und die Ladung über Bord zu werfen. So lange denn, als es möglich ist, daß der Wohlstand und die Freiheit dieses Volkes in der Union erhalten werden kann, soll es mein Vorsatz sein, dieselbe aufrecht zu erhalten. Sie nochmals dankend für den mir gegebenen Empfang, Herr Mayor, erlauben Sie mir, zu schließen."

Während dieses Tages (20. Februar) wurden Gerüchte über die drohende Ermordung in den Straßen in Umlauf gesetzt. Zu Newark, N. J., wurde ein Handbillet zirkulirt, die unbeschäftigten Arbeitsleute auffordernd, bei der Ankunft des Herrn Lincoln auf dem Bahnhofe jener Stadt zugegen zu sein, um mit ihm ihre Verschiedenheiten zu demonstriren.

Eine Zusammenkunft wurde am Abend gehalten und eine große Anzahl

Personen boten sich freiwillig als eine Cavallerie-Eskorte an. In Trenton wurde noch eine große hinzugefügte Polizeimacht auf Wache gestellt, um Ordnung zu erhalten.

Herr Lincoln kam am Abende des 21sten in Philadelphia an und wurde gerade so enthusiastisch empfangen, wie er in Newark, Rahway, New-Brunswick, Princeton, Trenton und anderen Plätzen des Weges entlang empfangen worden war. Nachdem er Philadelphia am Morgen des 22sten verlassen hatte, erreichte er Harrisburg, empfangen von den Behörden und dem Volke der Stadt, auf die herzlichste Weise. Hier bestätigten sich die Gerüchte für das erste Mal, daß Personen sich aus bösen Absichten heimlich versammelten. Als „das Anordnungs-Committee" in Harrisburg aus zuverlässiger Quelle erfuhr, daß in aller Wahrscheinlichkeit ein Versuch auf das Leben des Präsidenten zu Baltimore gemacht würde, überlegten sie die Art und Weise seiner Reise — ob er von Bahnhof zu Bahnhof passiren sollte, oder ob er über eine andere Route gehen solle, dadurch den Wagenwechsel verhindernd. Zuletzt wurde bestimmt, daß er sollte Harrisburg Abends 6 Uhr verlassen, so daß er in Baltimore und Washington zu verschiedenen Stunden ankam, als früher angekündigt waren. Folglich verließ Herr Lincoln Harrisburg zu der Zeit, welche heimlich beschlossen war. Der Handlungsplan, welcher glücklich durchgesetzt wurde, war dieser. Reden wurden den ganzen Nachmittag gehalten; Specialzüge wurden arrangirt, der Telegraph wurde zum Stillschweigen gebracht; Männer wurden aufgestellt, um den Telegraph zu durchschneiden, wenn nöthig, und nach seiner Ankunft in Baltimore sollte er in einer geschlossenen Kutsche durch die Stadt gefahren werden. Dieser Plan wurde Herrn Lincoln vorgelegt, und man sagt, daß er ihn unwillig verworfen habe. Madam Lincoln bat ihn, zu gehen und Gouverneur Curtin und andere einflußreiche Männer drangen in ihm, den Plan anzunehmen. Es wurde ihm versichert, daß er ermordet werden würde, wenn er dem ersten Programme folge; und man sagt, daß Madam Lincoln's Thränen und die Beweise seiner Freunde ihn endlich überredeten, den vorgeschlagenen Plan anzunehmen.

Er begab sich nach Baltimore auf einem specialen Expreßzuge, passirte unbekannt durch die Stadt und erreichte Washington am 24sten 6 Uhr Morgens. Der Zug, welcher Madam Lincoln und des Präsidenten Gesellschaft enthielt, verließ Harrisburg zur öffentlich bekannt gemachten Zeit. Als sie in Baltimore ankamen, hatte sich schon ein großer Haufen Volkes dort versammelt; da es aber schon dort bekannt geworden war, daß Herr Lincoln die Stadt schon passirt habe, wurde der Zug mit Stöhnen und Hissen salutirt. Gewalt wurde nicht gebraucht.

Es ist hier am Platze, zu beweisen, aus Gerechtigkeit gegen den Charakter unseres gemordeten Präsidenten, daß die Geschichte, welche in den telegraphischen Berichten der New-York Times vom 24. Februar, daß Herr Lincoln von Harrisburg nach Washington in einem Anzuge, bestehend aus einer bunten schottischen Kappe und einem langen Militärmantel, ihn ganz unkennbar machend, passirte, publizirt wurde, ganz falsch war. Es war aus ganzem Stück gemacht durch einen Sensations-Berichterstatter, dessen kürzliche Vertraulichkeit mit den Eigenschaften des Präsidenten noch frisch im Andenken des Volkes ist. Herr Lincoln widersetzte sich aller Heimlichkeit, aber seine Meinung wurde durch die seiner unbezweifelten persönlichen und politischen Freunde unterdrückt. Obgleich er ging, wechselte er doch seine Kleider nicht und versuchte keine Verheimlichung.

Das Aussehen der Baltimore Verschwörung ist nie vollständig aufgeklärt worden. Unzählige Gerüchte waren damals im Umgange, von welchen einige sich unbezweifelt auf Thatsachen basirten, während andere einfach lächerlich waren.

Am Abende des 21. Februar 1861 empfing Sekretär (damals Senator) Seward officielle Nachricht von General Scott, daß eine teuflische Verschwörung durch eine geheime Organisation in Baltimore erfolgreich angestiftet worden sei, um den erwählten Präsidenten bei seiner Ankunft in jener Stadt zu ermorden. Herr Seward theilte diese Nachricht einigen seiner besonderen Freunde mit, und man beschloß sogleich, eine Botschaft nach Philadelphia zu senden, um Herrn Lincoln mit der Sache bekannt zu machen. Als es ihm mitgetheilt wurde, gab der zum Opfer bestimmte zur Antwort, daß er dasselbe aus anderen Quellen erfahren habe, den Chef der Baltimorer Polizei als eine angebend. Das Vorhaben war, den Zug des Präsidenten durch einen Torpedo, welcher an einem hohen Damme passend angebracht war, aus dem Geleise zu werfen, oder wenn dieses fehlschlagen sollte, den Präsidenten bei seiner Ankunft in Baltimore zu mobben und zu ermorden, indem die Verschwörer den Bahnhof umgaben, bewaffnet, mit Messer oder Pistolen. Zehn oder fünfzehn Mann sollen vorbereitet gewesen sein, das Werk zu vollenden, und man sagt, daß im Hafen ein Schiff segelfertig lag, um die Mörder nach Mobile zu bringen. Der folgende Bericht ist aus einer in jeder Hinsicht glaubwürdigen Quelle genommen.

Als einige von Herrn Lincolns Freunden gehört hatten, daß eine Verschwörung existire, den Präsidenten auf seiner Reise nach Washington zu ermorden, machten sie sich daran, die Sache zu untersuchen. Aus diesen Gründen engagirten sie einen Geheimpolizisten von großer Erfahrung, welcher schon drei Wochen vor der erwarteten Ankunft des Herrn Lincoln in Baltimore im Geschäfte war, Männer sowohl als Frauen zu seinem Zwecke gebrauchend. Kurz nach seiner dortigen Ankunft entdeckte der Geheimpolizist eine Verbindung von Männern, welche durch die feierlichsten Schwüre unter einander verbunden waren, den neuerwählten Präsidenten zu ermorden. Der Anführer dieser Verschwörung war ein italienischer Flüchtling, ein in Baltimore wohlbekannter Barbier, der den Namen Orsini annahm, dadurch andeutend, was er zu vollbringen habe. Die Helfer, welcher der Geheimpolizist beschäftigte, und welche, wie er, Fremde in der Stadt Baltimore waren, sich für Secessionisten von Louisiana und anderen rebellischen Staaten ausgebend, gewannen das Vertrauen einiger Verschwörer und wurden mit ihren Plänen bekannt gemacht. Es war angeordnet, daß, im Falle Herr Lincoln sollte glücklich auf der Eisenbahn nach Baltimore kommen, die Verschworenen sich zwischen die Menschen mischen sollten, die seine Kutsche umgeben würden, und vorgebend, seine Freunde zu sein, sich bemühen sollten, seine Person zu errei- chen, wenn auf ein von ihrem Anführer gegebenes Signal, einige von ihnen auf Herrn Lincoln mit ihren Pistolen zn feuern hatten, während andere Handgranaten, die mit explodirendem Pulver angefüllt, und denen gleich waren, womit man den Kaiser Louis Napoleon zu ermorden suchte, in seine Kutsche warfen. Es war beabsichtigt, daß die Angreifer in dieser Confusion, welche dadurch entstehen würde, sich auf ein Schiff flüchten sollten, welches im Hafen segelfertig lag und nach ihrer Aufnahme sie nach Mobile bringen würde, im secedirenden Staate Alabama.

Nach Herrn Lincolns Ankunft in Philadelphia, am Donnerstag den 21. Februar, besuchte ein Geheimpolizist Philadelphia, und unterwarf seine gesammelten Informationen in Hinsicht der Verschworenen und deren Pläne gewissen Freunden des neugewählten Präsidenten. Eine Unterre- dung zwischen Herrn Lincoln und dem Polizisten wurde sogleich angeord- net. Die Zusammenkunft fand in Herrn Lincolns Zimmer statt, im Continental Hotel, wo er sich während seines Besuches in Philadelphia aufhielt.

Nachdem Herr Lincoln die Berichte des Beamten gehört hatte, theilte er ihm mit, daß er versprochen habe, den nächsten Morgen die Amerikani- sche Fahne über der Unabhängigkeits-Halle aufzuziehen — dem Morgen von Washingtons Geburtstage — und daß er eine Einladung der Gesetz- gebung von Pennsylvanien angenommen habe, von dem Körper öffentlich empfangen zu werden am Nachmittage desselben Tages. „Beide von die- sen Verpflichtungen, sagte er mit Nachdruck, will ich halten und kostet es mir mein Leben! Wenn Sie mich aber, nachdem ich diese Verbindlichkei- ten beschlossen habe, dann in Sicherheit nach Washington bringen können, will ich mich unter Ihre Anordnungen stellen und Sie autorisiren, solche Anstalten zu treffen, als Sie für nöthig halten.“

Am nächsten Morgen vollbrachte Abraham Lincoln die Ceremonie der Aufziehung der amerikanischen Flagge über Independence Halle, Phila- delphia seinem Versprechen gemäß, und kam in Harrisburg am Nachmittag desselben Tages an, wo er förmlich von der Pennsylvania Gesetzgebung bewillkommnet wurde. Nach dem Empfange zog er sich in sein Hotel, das Johns Haus, zurück, und begab sich mit einigen vertrauten Freunden auf sein Privat-Zimmer. Hier blieb er bis beinahe sechs Uhr den nächsten Morgen, wenn er in Gesellschaft des Obersten Lamon geräuschlos und unbeachtet eine Kutsche bestieg und nach der Pennsylvania-Eisenbahn gefahren wurde, wo ein Specialzug seiner wartete. Gleichzeitig mit seiner Abfahrt von Harrisburg, wurden die Telegraphendräthe durchschnitten, damit, wenn seine Abreise sollte bekannt werden, man es andern Plätzen nicht mittheilen könne.

Der Specialzug kam fünfzehn Minuten vor elf Uhr Nachts in Philadelphia an. Hier kam ihm der Geheimpolizist entgegen, welcher eine Kutsche in Fertigkeit hatte, in welche die Gesellschaft stieg und wurden dann nach dem Bahnhofe der Philadelphia-, Wilmington- und Baltimore-Eisenbahn getrieben. Sie erreichten den Bahnhof nicht eher als fünfzehn Minuten nach elf; aber der reguläre Zug, dessen Abfahrtszeit 11 Uhr war, hatte sich glücklicher Weise verspätet. Die Gesellschaft nahm dann Kojen in den Schlafwagen, und ohne Wagen zu wechseln fuhren sie gerade durch nach Washington, und kamen dort zur gewöhnlichen Stunde halb sieben Uhr am Morgen des 23. an. Herr Lincoln hatte keine Verkleidung an und war in seinem gewöhnlichen Reiseanzuge.

Es paßt sich hierher, darzuthun, daß, ehe Herr Lincoln in Philadelphia ankam, General Scott und Senator Seward von unabhängigen Quellen benachrichtigt waren, daß Herrn Lincoln große Gefahr drohen würde, im Falle einer öffentlichen Passirung durch Baltimore, und deßhalb schickten sie einen Boten, den Herrn Frederick W. Seward nach Philadelphia, den Präsidenten zu bewegen, sogleich nach Washington auf eine stille Weise zu kommen. Der Bote kam Donnerstag Abends spät in Philadelphia an, und hatte eine Zusammenkunft mit Herrn Lincoln, nachdem ihn der Polizist kurz vorher verlassen hatte. Ihm wurde mitgetheilt, daß Hr. Lincoln früh Samstag Morgen ankommen würde, und in Folge dieser Mittheilung erwartete Herr Washburn, Congreßmitglied von Illinois, den Präsidenten auf dem Bahnhofe zu Washington, von wo er gleich in seinem Gefährte nach seinem Quartier im Willard's Hotel gefahren wurde, wo Secretär Seward bereit stand, ihn zu empfangen.

Der Geheimpolizist reisete mit Herrn Lincoln unter dem Namen E. J. Allen, welcher Name mit dem des Präsidenten in dem Buche des Willard's Hotel registrirt war. Da er ein wohlbekanntes Individuum war, wurde er bald erkannt, und Verdacht stieg natürlicher Weise auf, daß er das Werkzeug gewesen war, welcher die Verschwörung an den Tag gebracht hatte, welches die Ursache seiner raschen Reise war. Es wurde für rathsam gehalten, daß er zwei Tage nach seiner Ankunft Washington verlasse, obgleich er sich vorgenommen hatte, zurück zu bleiben, um die Ceremonien der Inauguration mit anzusehen.

Nach der Ausfindung der Verschwörung, wurde durch die Agenten der geheimen Polizei eine scharfe Wache über die Bewegungen der Verschworenen aufrechtgehalten, und wirksame Maßregeln getroffen, um gegen irgend einen Angriff zu schützen, den sie gegen den erwählten Präsidenten unternehmen würden, bis er in sein Amt eingetreten sei.

Herr Lincoln's Familie verließ Harrisburg für Baltimore auf ihrer Reise nach Washington, in dem für ihn bestimmten Spezialzuge; und als vor ihrer Abreise eine Nachricht nach Baltimore über die denselben Morgen reparirten Drähte telegraphirt wurde, Lincolns Abreise und glückliche Ankunft in Washingtou anzeigend, so fand die Durchreise durch Baltimore glücklich statt.

„Die Anmerkungen Herrn Lincoln's, während der Ceremonie der Fahnenaufziehung über Independence Halle am Freitag Morgen, daß er seine Grundsätze auf seiner Inauguration behaupten werde, und würde er auf der Stelle ermordet, wiesen augenscheinlich auf die Mittheilung hin, die ihm der Geheimpolizist am vorhergehenden Abend gemacht hatte.

Die Zahl, welche ursprünglich gewiß zusammengebandet war, zur Ermordung des Hrn. Lincoln, war zwanzig, aber die Zahl derjenigen, welche völlig mit den Einzelnheiten des Plottes bekannt waren, schmolz bei jedem Tage, der der Execution näher kam, mehr und mehr zusammen.

Einige der Frauensleute, die der Polizist beschäftigte, gingen und dienten als Aufwärterinnen, Näherinnen u. s. w. in den Familien der Verschworenen, und ein Register über das, was gesagt oder gethan wurde ihr Unternehmen zu befördern, wurde regelmäßig gehalten. Auch ein Verzeichniß über ihre Berathschlagungen in geheimen Zusammenkünften wurde von dem Polizisten gehalten. Der Geheimpolizist und seine Agenten steuerten regelmäßig Geld hinzu, um die Ausgaben der Verschwörung zu bestreiten.

Drohungen wurden nach Herrn Lincoln's erster Inauguration gemacht. Es ist wohlbekannt, daß Herr Lincoln Washington in Sicherheit erreichte, aber das Secessions-Element hatte in der Hauptstadt größtentheils die Oberhand, und Drohungen, dem erwählten Präsidenten und Herrn Hamlin Gewalt anzuthun und die Inauguration gewaltthätig aufzuheben, waren weder wenige noch geheim. Die Stadt war mit Rebellen angefüllt, welche ihre Meinungen kühn in den Straßen aussagten und Anspielungen auf Gewaltthätigkeit gegen den Präsidenten machten. Nationale Weisen wurden in den öffentlichen Vergnügungsplätzen ausgezischt, loyale Männer auf der Straße angegriffen und Hurrahs für Jefferson Davis, waren nur gewöhnliche Vorfälle.

Es wurden eine Zeit lang vor der Inaugurationsfeier Drohungen ausgestoßen, bei dieser Gelegenheit Blut zu vergießen, und die militärischen Behörden quälten ihr Gehirn mit Entwürfen, um diesen Ausbruch zu verhindern. General Scott traf alle möglichen Vorbereitungen zum Gefechte.

Die Freiwilligen-Compagnien wurden mit Patronen versehen; Scharfschützen wurden auf passende Plätze der Straße entlang und auf Hausdächer postirt und beim Marktthause wurde eine Abtheilung Infanterie zur Unterstützung der Riflemänner in der Nachbarschaft aufgestellt.

Magruder's und Fry's Batterien standen an der Ecke der Delaware und

B Straße zum Schlage bereit; die Kanoniere und die Treiber blieben bei den Geschützen während der ganzen Ceremonie. In der Zwischenzeit hielt General Scott seine Späher geschäftig, die dichte Volksmasse nach allen Seiten zu durchsuchen und Acht auf die ersten Symptome der Störung zu geben. Der Tag ging aber ruhig vorüber. Aber die fieberische Angst am Morgen, die Gewißheit auf ein schreckliches Blutbad, wenn aufrührerische Bewegungen stattfinden sollten, brachten Eindrücke auf das Gemüth der Anwesenden hervor, welche vielleicht nie ausgelöscht werden. Magruder, der Commandant einer der oben genannten Batterien, verließ Washington wenige Tage nachher und wurde in der Folge von den Rebellen als General angestellt. Allen den Bemühungen der Entgegenwirkenden zum Trotze, fand die Inauguration ruhig statt, ohne irgend welche Gewaltscenen, da die Schlägereien sich nur auf besoffene Parteianhänger in der Straße beschränkten.

Seit 1861 erschien Herr Lincoln fast nie öffentlich, ohne eine hinlängliche Bedeckung, eine Compagnie Cavallerie unvermeidlich anwesend seiend. Zuletzt aber hielt man solche Vorsicht nicht mehr für absolut nöthig, und während seines Besuches im Theater, wo er ermordet werden sollte, war er von Niemanden als Mitgliedern seiner Familie und einem Armeeoffizier begleitet. Doch, wie bekannt, werden wir nach einer Weile gleichgültig gegen große Gefahren und vernachlässigen Vorsichtsmaßregeln, die man im Anfange für nöthig hielt. Es war nicht allein wichtig eine beständige Garde um den Präsidenten zu haben, sondern auch so lange als der kleinste Grund zum Verdachte ihn zu vernichten vorhanden war, und jeder Versuch sollte gemacht worden sein, die Plotters ausfindig zu machen, um sie der Gerechtigkeit zu überliefern und an ihnen ein Beispiel zu statuiren. Hätte man diesen Verwegenen fühlen lassen, daß, im Falle man sie in ihrem Unternehmen ausfände, die härteste Strafe sie treffen würde, wenige würden es wagen eine Verschwörung anzuzetteln und vielleicht Niemand es versuchen, sie auszuführen.

Die letzte Inauguration ging aber doch nicht ohne eine gewisse Anzahl

Gerüchte vorüber; und zwischen diesen war eines, daß Etwas im Gange sei, welches Störung von einer unbekannten Stelle aus im Sinne hatte. Es hieß, daß die nach Washington führenden Straßen mit Posten scharf besetzt seien und die Brücken mit ungewöhnlicher Wachsamkeit bewacht würden, als ob man verdächtigen Personen auf der Lauer wäre. Ebenso hieß es, daß das achte Illinois Cavallerie-Regiment vom Fairfax Courthause aus auf eine thätige Spähungs-Expedition vorgeschoben worden sei, nach verdächtigen Persönlichkeiten forschend, und noch mehr, daß eine ungewöhnliche Anzahl harter in Grau gekleideter Subjekte sich auf den Straßen herumtrieben, welche Etwas vorzuhaben schienen. Aber als der Tag in Stille vorüberging, zerstreute sich alle Furchtsamkeit. Um Ordnung aufrecht zu halten, wurden die militärischen Patrouillen verdoppelt und öftere Runden über die Straßen als gewöhnlich gemacht. Trotz der großen Anzahl Fremder in der Stadt wurde gute Ordnung beobachtet und nur sehr wenige Verhaftungen wurden durch die Militär- oder Polizei-Behörden gemacht.

Am 7. März, des gegenwärtigen Jahres, wurde ein Mann, Clemens mit Namen, in Washington verhaftet, angeklagt, die Ermordung des Präsidenten vorgehabt zu haben. Die Thatsachen in diesem Falle waren folgende: „Clemens und noch eine andere Person kamen am Inaugurationstage von Alexandria. Sie betrugen sich sehr unordentlich, und thaten, als ob sie tüchtig gesoffen hätten. Clemens insbesondere brauchte schlechte Schimpfreden. Er sagte, indem er brutale und ruchlose Worte gebrauchte, er komme nach Washington, um den Präsidenten zu tödten; daß er eine halbe Stunde zu spät sei, und daß sein Erlöser ihm nie vergeben würde, wenn er es unterlasse; daß er es in der Nacht, nämlich den 4. März, thun wolle; und daß er nur aus der Ursache gekommen sei, und daß er es thun wolle, ehe er die Stadt verließe. Ferner sagte er, daß die Regierung ihm eine gewisse Summe Geldes gestohlen habe." Dieses war der Inhalt eines schriftlich beschworenen Zeugnisses. Clemens wurde von den Militär- und Bürger-Behörden übergeben, und wurde in's Gefängniß

Der Mordversuch an Sekretär Seward.

gesteckt, um ein Verhör vor dem Gerichte zu bestehen. Er wurde nachher freigelassen aus dem Grunde, daß er zur Zeit der vorgebrachten Drohungen unter dem Einflusse geistiger Getränke stand, und nicht wußte, was er sagte. Aber wäre es merkwürdig, in Ansicht der gegenwärtigen Umstände, daß dieser Mann Clemens in Verbindung mit dem rechten Mörder des Präsidenten gestanden habe oder stand, um dieses schreckliche Vorhaben auszuführen. Aus Washingtoner Nachrichten kann man sehen, daß die Briefe, welche in Booth's Koffer vorgefunden wurden, nachweisen, daß die Ermordung des Präsidenten ursprünglich auf den 4. März festgesetzt war, aber aus noch unbekannten Gründen verschoben wurde. Clemens erklärte, daß auch er es im Sinne hatte, den Präsidenten an jenem Tage zu ermorden.

Geheime Gesellschaften.

Es giebt zwei Arten geheimer Gesellschaften: die erste, deren Handlungen allen, die nicht dazu gehören, unbekannt bleiben, und die letztere, deren Existenz sowohl als ihr Treiben unverletzt gehalten werden. Von der letzteren Art sind diejenigen, welche ihren Anfang und Wesen in Europa, meistens in Italien, haben, wo sie auch eigentlich bleiben sollten. Der amerikanische Boden taugt für sie nicht; Gesellschaften dieser Art zerstören Freiheit, und der einzige Weg, sie zu unterdrücken, ist, sobald als sie ausgefunden werden, einen solchen Widerstand der öffentlichen Meinung gegen sie anzubringen, daß respektable Personen nichts damit zu thun haben wollen. Nichts Gutes kann in einem Lande der Freiheit aus Gesellschaften dieser Natur entstehen.

Was ein Mann in Hinsicht seiner politischen Meinungen und Ueberzeugungen nicht gerne bekennt, findet man gewöhnlich im Gegensatze zu den Grundsätzen, worauf die Regierung ihre Grundlage hat. Freie Besprechungen aller Fragen in Hinsicht des öffentlichen Wohles sollten nicht nur ermuthigt, sondern für äußerst nothwendig gehalten werden. Wir können niemals erwarten, in politischen Wissenschaften voranzuschreiten, so lange als Streite und Wahlen entscheidende Stimmen können von wenigen gekauft oder beherrscht werden. Wenn es einer Anzahl Personen in geheimer Verschließung feierlich verbunden, erlaubt ist, die Massen zu lenken, auf daß sie in Macht kommen und dieselbe beibehalten, so ist volksmäßige Regierung nur ein Name oder ein Laut, und die Aristokratie ist in der That die Regierung.

Die Freiheiten eines Volkes verlieren sich nicht auf einmal. Die Steigerung ist auch nicht reißend. Langsam in meisten Fällen, aber nichts desto weniger sicher nimmt der Prozeß seinen Fortgang, und nicht eher weckt das Volk auf, ihre Stellung wahrzunehmen, bis sie eine gewaltthätige Maßregel ergreifen, dasselbe seiner Rechte zu berauben. Und dann findet man das, was damals nichts anderes, als eine Rechtsbehauptung war, zum Verräther gegen eine oder mehrere Personen geworden ist, die doch im Anfange anderes Nichts, als die Agenten des Volkes waren.

Aeußerste Maßregeln führen immer zum äußersten. Eine Gewaltthat folgt der andern, und es giebt keinen besseren Weg, um Despotismus einzuführen, als durch die Aufträge solcher Thaten, wie die am 14. April. Wirksame Mittel werden gebraucht, die gültigen in solchen Fällen zu fangen, und Personen, die vielleicht ganz unschuldig sind, die mit der Sache nichts zu thun hatten, werden in Verdacht genommen und vielleicht bestraft. Die Aufmerksamkeit jedes Recht liebenden und seinem Lande wohlwollenden Bürgers neigt sich auf die Untersuchung hin, die jetzt im Gange ist. Alle sind gleich interessirt, und er, der gleichgültig erscheint, ist in moralischer Hinsicht ein Mithelfer. Verhöhnungen gegen die, welche behaupten, daß geheime Brüderschaften existiren, müssen nicht beachtet werden. Es giebt verrätherische Gemeinschaften, welche die Machthabenden niederstürzen und zuletzt republikanische Institutionen umzuwerfen, im Auge haben.

Verschwörerische Gesellschaften.

„Es kann kein vernünftiger Zweifel mehr vorhanden sein," sagt der Meridian (Missi) Clarion, „daß Lincoln und Seward gemordet sind. Die Verbrechen dieser beiden Männer machen diesen Vorfall rechtmäßig vor Gott und den Menschen; aber wir gehören nicht zu denjenigen, welche sich freuen. Johnson hat größere angeborene Geisteskräfte, wenn sie nicht durch seine Exzesse ruinirt sind, als irgend ein nördlicher Staatsmann seiner Partei, Chase ausgenommen. Der Krieg wird jetzt eine andere Ansicht nehmen. Wenn er sich auf diese Staaten beschränkt, wird er zu gänzlicher Ausrottung führen. Eine wahrhaftige Schreckensregierung hat schon in Tennessee den Anfang genommen. Es ist wahrscheinlich, wenn Booth ein nördlicher Mann ist, daß die Ermordung Lincolns das Werk dieser geheimen westlichen Verbindungen ist, deren Geheimnisse kürzlich durch gerichtliche Prozesse in Chicago und Ohio an's Tageslicht befördert sind. Wenn dieses wahr ist, mag der Krieg im Nordwesten anfangen.

„Der ganze Anstand des Nordens wurde kürzlich durch Johnson's Betragen bei seiner Inauguration als Vicepräsident erschüttert. Seine betrunkene Rede illustrirte seinen Charakter und das alte Sprichwort: in vino veritas."

„Er ist ein wahrer „Plebejer," ein sans-culotte. Wie sehr auch die republikanischen Zeitungen mit Johnson's radikalen Theorien übereinstimmten; einige von ihnen wagten es, seine Verletzung aller Gesetze des civilisirten Anstandes zu verkleinern. Copperheadtismus hätte nie auf die Eitelkeit und Selbstwürde des Puritanismus eine so tiefe Wunde geschlagen, als das, welches Lincoln verderben machte und Johnson auf den Thron erhob. Er beeilte sich, den königlichen Purpur anzulegen; und trotz der kürzlichen militärischen Triumphe wurde der Stolz des Nordens nie so gebeugt, als zu dieser Stunde."

Einige Theile des obigen Auszuges beziehen sich selbstverständlich auf die „Ritter vom goldenen Zirkel," oder „die Söhne der Freiheit," wie sie später genannt wurden, und theilen Nachrichten mit, die etwas Anderes als Vermuthungen auf der Seite des Verfassers sind. Sachen, die uns in halb-offizieller Form erreichen, sind überflüssige unseres vorher gehegten Verdachtes, und wir sind völlig vergewissert, daß die verdammenswerthe Verschwörung, welche in der Ermordung unseres geliebten Präsidenten endete, in den Tempeln dieses verfluchten Bündnisses des Zirkels ausgebreitet wurde, und daß deren Günstlinge in der Person Booths, Harrolds, Payne's, Surratt's und deren Mithelfer auf ihre Opfer losgelassen wurden, weil sie die thätigsten Agenten dieser verrätherischen Gemeinschaft waren. Die schnellen, bestimmten und durchgängig systematischen durch die Untersucher der Mord-Verschwörung an das Licht gebrachten Aufklärungen bringen genug Beweise zur Unterstützung dieser Theorie, wenn sie dieselben nicht schon ganz beweisen; wenn nun diese Aufschlüsse entscheidend sind, auf was für eine neue Schandthat dieses mit der Hölle geschlossenen Bundes wartet das Volk, ehe es aufsteht in seiner Macht und denselben vernichtet? Wurde es nicht lange genug für eine Fabel gehalten? Und wo ihr Dasein bekannt war, sind deren Einfälle und Vermummungen nicht hinlänglich belacht worden, um dem Volke zu erlauben, ihnen eine kleine ernste Beachtung zu schenken? Nach diesen Beweisen ihrer Macht und schändlichen Vorhaben ist das Volk noch schwach genug, zu glauben, daß es unfühlbar oder nur eine Sache des Scherzes sei? Solche sind in Gefahr, und unser Land schwebt so lange, bis diese zerstörenden Elemente jenes ansteckenden Ordens durchsucht und aus unserer Politik gänzlich ausgerottet sind, in der äußersten Gefahr.

Illinische Ritter und dergleichen Quacksalbereien sind kaum mit dem Geiste republikanischer Institutionen verwandt und wurden nie organisirt, um die auf große Trübsale gegründete Regierung unserer Väter zu verewigen. Sie suchen fremde Götter, die ebenso abscheulich und ekelhaft gegen das gemeine Wohl sind, als in der Schreckenszeit die schändliche Stellvertreterin der Vernunft. Ben. Allen, der Großmeister des Copperheadtismus, sagte letztes Jahr auf der demokratischen National-Convention zu

Chicago: „Das Volk wird sich bald erheben, und wenn sie Lincoln nicht außer Macht setzen können durch den Stimmkasten, so können sie es durch die Kugel." Diese Erklärung wurde mit lautem Jubel aufgenommen, und gleich darauf machten S. S. Cox, C. C. Burr, Koontz von Pennsylvanien, Baker von Michigan, Stambaugh von Ohio, Ausdrücke von gleicher Bedeutung — jeder unsern Präsidenten einen Usurpator nennend, und ihn der größten unsern Gesetzen bekannten Verbrechen anklagend. Mordesdrohungen wurden nicht bestimmt gemacht, aber wenn die Copperhead-Anführer so meinten, als sie öffentlich erklärten, jeder sollte als Theilhaber an der That angeklagt und ohne Ceremonie gerichtet werden.

Der Orden der Ritter vom goldenen Zirkel beschränkt sich nicht allein auf den Nordwesten, als die Rebellenbehörden uns glauben machen wollten, sondern ist überall von gleichem Umfange, als die Secessions-Neigungen. Es war eine Erfindung der Jahre zurück stattgefundenen Secessions-Bewegungen, wenn Jackson die giftige Hydra zwang, sich in dunkeln und unbesuchten Plätzen zu verbergen, um ihren Schleim dort nieder zu legen, wo er nicht ansteckend war; aber Copperheadtismus konnte ohne denselben nicht wachsen, und er wurde aus dem Süden importirt, um den Wachsthum einer nördlichen Partei mit südlichen Sympathien zu beschleunigen. Er hat sein Dasein während der verflossenen vier Jahre in unserer Mitte gehabt, ohne daß wir kaum die Thatsache gewahr waren; und noch weniger weiß das Volk über die Natur und die teuflischen Vorhaben dieser Organisation. Es ist Zeit, daß man die Einzelnheiten völlig verstehe. Ihre Schwüre und Strafbarkeiten, Spionsystem und Polizei-Regulationen, all ihr mörderischer Geist und verdammenswerthe Verbrechen sollten dem Volke bekannt gemacht werden, daß man wisse, mit wem man es zu thun habe; und daß das Volk wisse, was für eine Mine unter ihre Heimstätten gelegt worden sei, vielleicht von ihren eigenen Nachbarn, um sie im Augenblicke durch eine Sprengung zu vernichten.

Edmund Wright's „Exposition," seit ungefähr einem Jahre publizirt, wurde kaum beachtet, obgleich überall gelesen. Die Ritter verhöhnten es, und nannten es unglaubwürdig; aber ihr Objekt wird jetzt allen Leuten klar, daß sie es natürlich gut genug einsehen, daß, sollte Wright geglaubt werden, ihre Macht dem Ende nahe war. Es ist jetzt Zeit, jede Warnung zu beachten und die Macht dieser Oligarchie von Teufeln zu zerstören. Sie drohen uns mehr Gefahr, als alle die südlichen Armeen, die uns je im Felde gegenüberstanden; ihre Werke sind geheim, und wir können keine Nachrichten über ihr Vorhaben loszubrechen haben, um zu sengen, zu brennen und zu morden. Ihre Eide sind bindend, als Worte sie machen können; ihre Strafen schrecklich, als die gottlosesten Entwürfe der spanischen Inquisition; ihre Polizei-Regulationen im großen Maßstabe, sorgfältig und system-artig arrangirt; und alle Wachen, die der Verstand erfinden kann, sind ausgestellt, um alle Losmachung zu verhindern. Man hat geschworen, den Süden unter allen Umständen, in jedem Versuche, unsere Regierung über den Haufen zu werfen, zu unterstützen; und solches ist ihr Schwur während eines vierjährigen verwüstenden Krieges gewesen. Man hat geschworen, einen jeden, der sich ihren Plänen wiedersetzt, zu tödten, wenn dieses zur Ausführung ihres Zweckes nöthig erscheint; jeder Eingeweihete verbürgt mit seinem eigenen Leben, in Mord, Sengereien und Raub beizustehen, und alle Pläne ausführen zu helfen, sobald er in ihre Geheimnisse eingeführt wird. Nicht selten möchte das plötzliche Verschwinden verschiedener Personen, wovon man nie mehr hören wird, in dieser Welt, bis zu den Rittern aufgespürt werden, vorausgesetzt, daß die Wissenden einige deren „Tritte im Sande" losdecken würden, und man wird sie zwingen, über den Tod Abraham Lincolns Antwort zu geben!

Dieser Orden, dessen Geschichte, wenn bekannt, ihn in Hinsicht der Größe seiner Verbrechen berechtigt, alle die geheimen politischen Orden Italiens zu überragen, ist noch da, nicht allein im Nordwesten, sondern in beunruhigender Ausdehnung im Norden und Süden; seine Anführer entwerfen jetzt frischen Verrath; zur selben Zeit, wenn sie Eide der Treue schwören und die lautesten Bekenntnisse der Loyalität machen, begehen ihre Geächteten Todtschlag, Mordbrennerei und Raub, um deren Schatzkammern anzufüllen. Er arbeitet im Geheimen sowohl innerhalb, als außerhalb deren Tempel; steckt ihre Meuchelmörder in Schlupfwinkel, um zu schießen und zu stechen; schwingt die Brandfackel um Mitternacht, wann die Unschuldigen im süßen Schlummer liegen; lauert Eisenbahn-Zügen auf, um sie durch Aufreißung der Schienen in den Abgrund stürzen zu lassen; verbirgt Torpedoes in Kohlhaufen, um sie in den Oefen der Dampfschiffe und Gasthäusern zu explodiren; und greift unverhofft den einsamen Reisenden an, um ihm sein Gut und Blut zu rauben.

Untersuchung hat schon gezeigt, daß diesem Orden der Entwurf zur Ermordung des Präsidenten zu Grunde liegt, und wenn dieses sich als Thatsache beweist, als es sicher wird, wer will dann noch bestreiten, daß alle Mitglieder desselben nicht Mitschuldige sind. Wer wird sagen, daß sie nicht Alle des Mordes schuldig sind, und daß Alle die Strafe für das Verbrechen leiden sollen? Wenn nicht Alle gültig, oder gleichmäßig, so ist es jetzt wichtig, zu wissen, welche von diesen Rittern unschuldig sind, und die Grade der Schuld der Andern. Es ist von der größten persönlichen Wichtigkeit für dieselben, ihre Kleider rein von Blutflecken zu zeigen; denn die Rache des Volkes für dieses Verbrechen will gesättigt sein, ohne Nachlassung und Hinderniß, vollständig und bis zur letzten Begebenheit; die Schuldigen werden leiden müssen, ohne auf ihre Zahl, oder die Stellung, die sie behaupten, zu sehen.

Es ist bewiesen, daß das Mord-Programm auf ungeheure Weise angeordnet war, und daß zum wenigsten hundert hervorragende Personen zum Opfer des Moloch's des Blutes bezeichnet waren. Dort waren hundert bewaffnete Mörder am Abende des 14. April in Ford's Theater, Jeder fertig, die tödtliche Kugel nach dem Leben eines Opfers zu richten, und nur durch die Vorsehung, die die Hand deßjenigen abhielt, welcher versprochen hatte, das Gas abzudrehen und das Haus in Dunkelheit zu versetzen, wurde solch ein Vorfall abgewendet. Andere Mörder waren auf anderen Plätzen in gleichartigen Blutscenen beschäftigt; und es wird vielleicht niemals bekannt, wie viele Herzen Gott mit Schrecken und Gewissensbissen schlug, — wie Viele fehlschlugen durch Furcht und Mangel an genugsamer Gelegenheit, welche anderweis durch ihre Namen das schwarze Register vergrößert hätten. Für wie groß mag man dann vernünftiger Weise die Ausdehnung einer Verschwörung halten, die so viele Agenten zur Ausführung ihrer Werke braucht? Viel zu groß für die Sicherheit freier Männer, ein zu mächtiges Uebel, um in Macht zu bleiben.

Wenn die Nachrichten der Ermordung durch das ganze Land bekannt gemacht wurden, waren in jeder Lokalität Einige undachtsam genug, ihre Befriedigung über das der Nation zugestoßene Unglück auszudrücken! Wer waren sie? Von welcher Klasse und Herkunft? Viele bezahlten die Lästerung mit ihrem Leben, und Wenige warteten, zu bedenken, daß sich diese Scharfrichter nach dem alten Mosaischen Gesetze richteten, welches „ein Leben für das andere" fordert, aber die Geschichte wird in anderen Zeiten das Verzeichniß aufwecken. Sie waren Theile der mörderischen Bande — Theile der Maschinerie, welche es in Gang setzten, und sind gleichgültig mit denjenigen, welche das blutige Werk vollbrachten.

In anderen Orten, entfernt von Telegraph-Stationen, einzelnheitige Reporte des großen Verbrechens erreichten das Volk zu früh, und in Formen größtentheils übertrieben, welche den Tod des Präsidenten, Vice-Präsidenten und jedes Kabinets-Mitgliedes enthielten. Es ist nutzlos anzunehmen, daß man in solchen Nachbarschaften nicht schon Etwas über die Sache im Voraus wußte — aber wer war das? Es liegt klar auf der Hand, daß die Verschwörung ausgebreitet war, und daß deren bewegenden Geister im Norden mit denen des Südens in Verbindung sind. Die Untersuchung und das Aufarbeiten der Beweise sind unter der Aufsicht verschlagener Köpfe, die ihre Arbeit durchführen werden. Es ist länger keine Frage mehr, ob die Verschwörung bis auf ihre wirklichen Entwerfer und Anstifter nachgespürt wird, denn der verwickelte Knoten wird täglich kleiner; neue Enthüllungen folgen so rasch auf einander, als Scenen in einem Panorama; jede Entdeckung vermehrt die Kette der Beweise um ein Glied, welche sich um die Beschuldigten herumzieht, sie zu umgarnen, so daß Rettung unmöglich ist; und es ist bekannt, daß keiner von den Schuldigen entfliehen kann. Das Beispiel ist theuer erkauft, und Alle sollten ihr ihre Beachtung schenken.

Die Verschwörung zur Ermordung des Präsidenten.

Ob Jefferson Davis oder andere Rebellen-Anführer die Ermordung Präsident Lincolns ersannen, autorisirten oder öffentlich billigten, ist eine Frage, welcher wir keine direkte Antwort geben können. Der Beweis in dem Falle ist gegenseitig und eher illustrativ, als positiv. Als Preston S. Brooks von Süd-Carolina Charles Sumner angriff und versuchte, ihn zu morden, wir im Norden sagten: „Der Süden wird die That feige und ehrlos heißen;" aber im Gegentheile, der Süden klatschte ihr durch ihre Zeitungen und öffentlichen Männer ohne irgend eine Ausnahme Beifall. Seit der Zeit hat der Süden, den Krieg gegen die Republik nicht mitgerechnet, seinen feindlichen Haß gegen den Norden bewiesen durch seine Unmenschlichkeiten, welche an unseren todten Soldaten bei Bulls Run begangen wurden, durch die Niedermetzelungen bei Millikens Bend und Fort Pillow, durch die systematischen Grausamkeiten durch die Alabama Gewaltthätigkeiten an unseren Gefangenen verübt; durch die St. Albans und anderen Räubereien an der Grenze, durch die Versuche, Gasthöfe zu verbrennen, und so weit, als Drohungen gingen, gab es überflüssige Beweise, daß Mord eine gleich rechtmäßige und zu rechtfertigende Art von Kriegsführung sei. Anzeigen und leitende Artikel, welche oft nach einander in südlichen Zeitungen erschienen und Belohnungen für die Ermordung oder geheime Entführung des Präsidenten anboten, zeigen, daß die Rebellenführer sich solchen Plänen nicht widersetzten, obschon sie zu denselben anreizten oder nicht.

Ungefähr ein Jahr zurück schickte ein Correspondent der New-Yorker Tribune, der eine Zeitlang auf dem Kriegsbüreau in Richmond beschäftigt war und nachher nach Washington entkam, jener Zeitung einige wichtige und zeitige Mittheilungen entdeckend und dabei mehr als einen mörderischen Einfall über die Grenze verhindernd. Er sagte den Plan voraus, welcher in New-York in dem Versuche, die Gasthöfe zu verbrennen, seinen Höhepunkt erreichte, und er entdeckte die Einzelnheiten einer Verschwörung, den Präsidenten heimlich zu entführen, wie die folgenden Erörterungen zeigen, daß sie sowohl von dem Staats- als auch Kriegs-Sekretär der Rebellen besichtigt und gebilligt wurden. Wir citiren einen vollen Auszug aus einem am 19. März 1864 in der Tribune publizirten Briefe:

„In einer früheren Mittheilung zeigte ich an, daß durch Margrave, welcher eine Zeitlang als Emissär im Norden war, dem Kriegs-Departement der Rebellen ein Plan vorgelegt wurde, Präsident Lincoln heimlich gefangen zu nehmen und ihn nach Richmond zu bringen, oder wenn es für unmöglich erfunden würde, mit ihm über die Rebellen-Linien zu flüchten, ihn zu ermorden. Durch den Wechsel der Stellung der Armeen wurde der Plan unausführbar gemacht. Im Anfange Novembers, nur ein paar Tage vor seiner Sendung nach dem Norden, legte Margrave einen anderen Plan vor, dessen Inhalt für den Leser vielleicht interessirend wäre. Der ganze Inhalt desselben würde zu viel Raum einnehmen, aber eine Erklärung wird es ganz verständlich machen.

„Einhundert und fünfzig auserlesene Männer sollten heimlich nördlich gehen und in Washington, Georgetown, Baltimore und Alexandria Quartier nehmen, so daß es ihnen möglich wäre, täglich mit einander zusammen zu kommen, und an einem von ihrem Anführer bestimmten Tage sollten sie in Washington zusammen treffen, um die Gefangennahme vorzünehmen. Es wurde in Anspruch genommen, daß der Präsident könne leicht im weißen Hause zu einer geheimen Stunde, oder auf seinem Gange zur- oder seiner Rückkehr von der Kirche, oder zu einer anderen günstigen Gelegenheit ergriffen, in eine Kutsche gesteckt und abgefahren werden.

Ungefähr ein paar Meilen von der Stadt sollten sich ihr fünfundzwanzig oder dreißig bewaffnete und berittene Männer ihr anschließen. Von dort gedachte man nach Indian Point zu fahren, ungefähr 25 Meilen südlich von Washington, am Potomac, nachdem man zwei oder dreimal Pferde gewechselt hatte, wo ein Boot parat lag, sie überzusetzen und den Gefangenen einige Meilen südlich von Occoquan zu landen, wo es für seine Gefangennehmer sehr leicht sein würde, ihren Weg bei Nacht durch den Wald in die Linien der Rebellen durchzuarbeiten. Um Verfolgung zu verhindern, sollte jede Brücke zwischen Washington und Indian Point zum Voraus unterminirt und in die Luft gesprengt werden, sobald sie von der Gesellschaft überschritten war. Große Bäume sollten auch dem Wege entlang durch aufgestellte Männer niedergehauen und gleich nach ihrer Vorbeipassirung über den Weg geworfen werden, welche dann nach allen Richtungen hin, so gut sie konnten, ihre Flucht zu bewerkstelligen hatten.

„Der Kriegssekretär dachte, dieser Plan möge gelingen; aber er bezweifelte, ob solch ein Vorhaben einen militärischen Charakter habe und unter den Kriegsgesetzen zu rechtfertigen sei. Er versprach aber, mit dem Präsidenten und Herrn Benjamin darüber zu sprechen; aber ich bin nicht mit Gewißheit im Stande zu sagen, zu welchem Entschlusse man kam. Aber eine Woche nachher, als der Plan vorgelegt wurde, und am selbigen Tage, als Margrave nach dem Norden sich begab, fragte ich Herrn Wellford, welcher mit allen Geheimnissen des Departements vertraut war, ob der Plan angenommen worden sei, antwortete er: „„Sie werden „Old Abe," so wahr als Gott lebt, nächsten Frühjahr hier sehen."" Wenige Tage darauf wurde ich nach Atlanta geschickt, und kehrte nie nach Richmond zurück, um Etwas über die Sache zu erfahren.

„Aber dieses ist in keinem Falle der einzige Entwurf, welcher zur gewaltsamen Gefangennahme unserer Präsidenten erdacht wurde. Letzten Sommer bildete sich ein Club oder Gesellschaft reicher Bürger Richmond's, um zu diesem Zwecke einen Fond zu gründen. Cirkulare wurden allen vertrauenswerthen Bürgern anderer Städte und Flecken zugesandt, sie zu diesem großen Unternehmen einladend, und eine immense Summe Geldes wurde unterschrieben. Das Haus Merry & Co., Bankiere in Richmond, unterschrieb $10,000, und Sumner & Arents, Auktionäre, unterschrieben $5,000, und ich habe gehört, auf gute Autorität, daß es Einige in der Hauptstadt gäbe, die noch liberaler als die obengenannten unterschrieben hätten; aber, wer sie waren, konnte ich nicht ausfindig machen. Ein gewisser Mann in Charleston, S. C., dessen Namen ich vergessen, unterschrieb $20,000. Es war vorgenommen, nachdem Alles fertig war, einen Urlaub für Mosby auszuwirken, und ihn zum Anführer des Unternehmens zu machen.

„Ob diese Pläne aufgegeben worden, oder ob die Menschenräuber nur noch auf eine günstige Gelegenheit warten, sie auszuführen, wird man noch sehen; aber gewiß ist es, daß der Präsident oder die zu Washington stationirten militärischen Commandanten nicht zu viel Vorsicht gebrauchen können."

Als diese Angaben durch viele nördliche Journale des Nordens in Frage gestellt wurden, schickte der Schreiber des Obigen in der Folge derselben Zeitung, die folgende Beweisschrift, welches ein Brief von Calhoun Cullum ist, zu der Zeit Kaptain in einem North Carolina Regimente und im Süden wohlbekannt. Der Original-Brief war mit Umschlag umgeben, mit Poststempel und einer conföderirten zehn Cent Postmarke versehen, und addressirt an Herrn Wellford, einem Schreiber auf dem Kriegsbureau zu Richmond. Obgleich er schon seit dem 23. April 1864 publizirt ist, wird seine Aechtheit nicht bezweifelt, noch dessen Angaben widersprochen:

Morgantown, 30. September 1863.

Mein lieber Wellford! Ich habe seit mehreren Wochen auf einen Brief von Ihnen über den Gegenstand unserer letzten Unterredung gewartet. Gestern kam Herr Gaither, Congreßmitglied vom neunten Distrikt, meinen Vater zu besuchen und aß mit uns zu Mittag. Er brachte die vorhergehende Woche in Richmond zu und hatte eine Anzahl Unterredungen mit dem Präsidenten, dem Kriegsminister und anderen Beamten. Ich fragte ihn, ob er Etwas über die ruse de guerre (Kriegslist) gehört habe, den „Ehrlichen Abe" zu fangen, und er sagte, er habe, aber daß die Sache mehr durch persönliche

Unternehmung gehandhabt werde, als durch die Regierung. Er gab mir die Namen der hervorragendsten Arbeiter an dem Projekte in Richmond, und da Sie wahrscheinlich mit Allen bekannt sind, bitte ich Sie, ein zeitiges Wort für mich einzulegen. Wenn die Regierung die Sache unter Händen hätte, wüßte ich, daß Ihr Einfluß und der meiner Freunde, mit Herrn Seddon, mir die Anweisung des Theiles verschaffen würden, welchen ich in der großen Comödie oder Tragödie, als der Fall sein mag, zu spielen wünsche; aber wenn Richmonder Bürger es in Händen haben, dann sind meine Aussichten nicht so gut, und ich werde mich ganz allein auf Sie verlassen müssen. Sprechen Sie gleich ein gutes Wort für mich, und ich werde Sie nächste Woche sehen. Wie ich Ihnen sagte, würde ich meine Seele dem Teufel verkaufen, für die Ehre, eine bedeutende Rolle in der Zerstörung dieser großen Hydra spielen zu können.

„Mein Arm ist fast wieder gut, und ich finde ihn wieder sehr nützlich, welches Sie daraus schließen können, daß ich fähig bin, mich ohne einen Schreiber zu behelfen.

„Vernachlässigen Sie mich nicht!

„Ihr getreuer Freund

Callum."

Jetzt ist es bemerkenswerth, daß dieses Entführungsprojekt dasselbe ist, welches Booth erst im Sinne hatte, als in seinem kürzlich veröffentlichten Briefe gezeigt wurde, aber welches er kürzlich für die Ermordung aufgab. Wenn nun ein Theil des Plottes, dessen Agent Booth war, in Richmond mit Davis, Seddon und Benjamin verbunden war, ist es nicht wahrscheinlich, daß sie um den andern Theil wußten und die schreckliche Gestalt, welche er zuletzt annahm? Dort sind ungeschriebene Kapitel, welche dem Publikum eröffnet werden, so wie die Untersuchung gegen die Hauptverschwörer ihren Fortgang nimmt. Dort sind Kapitel solcher gräulichen Einzelnheiten und ausgedehnter Verbindungen, welche das Land in so großes Erstaunen und Entsetzen setzen werden, als irgend Etwas seit dem Anfange der Rebellion. Das Volk hat keine Idee von der Größe, zu welcher die Behörden diese Verschwörung durchsucht haben. Die veröffentlichten Berichte geben nur eine schwache Idee. Sie wissen, daß der Haupt-(Attentäter-)Spieler in diesem Trauerspiele durch Maryland nachgespürt und verfolgt und in Virginien niedergejagt wurde, und wie er starb, als ein Hund; aber es ist nur ein Theil des Ganzen — nur ein Zweig von dem Hauptstrome, welcher überschritten ist. In fast jeder andern Hinsicht krönte Erfolg die Bemühungen der Autoritäten, und in der That in einigen Hinsichten mit viel größerem Erfolg, als das Volk nach einem gewissen Zeitverlaufe erfahren wird. Die Personen, die als Theilnehmer, Helfer und Anstifter, oder in einer anderen Hinsicht mit der tragischen That verbundene in Gewahrsam genommen sind, zählt man fast bei hunderten. Es giebt noch wenige, die außer Haft sind und nicht eher, als bis die gefangen sind, wird es das Amt der Weisheit sein, Einzelnheiten und Enthüllungen vollständig zu geben, welche bekannt geworden sind. Es ist nur paßlich, zu sagen, daß die Hauptakteure, welche in der Nacht des 14. April auf ihren Posten waren und den ihnen zuerkannten Theil der Arbeit vollbrachten, jetzt im Gefängnisse sind.

Die Fakta sind noch nicht bestimmt, wo die Verschwörung entstand, aber Umstände zeigen scharf darauf hin, daß sie das Werk der feuerfressenden Südländer ist, welche durch ihre flammenden Reden und Prahlereien, daß ein Brutus auferstehen würde, um den Dolch in die Brust des ersten Anti-Sklaverei-Präsidenten zu stoßen, der erwählt wurde, gaben die Idee ihren Nachfolgern, welche durch die übereifrigen Fanatiker in unserer Mitte in Anwendung gebracht wurde, die nicht den Muth hatten, in die Reihen der südlichen Armeen zu treten und für eine Sache zu fechten, welche sie vorgaben, aufrecht zu halten. Die Thatsachen in der Untersuchung werden ohne Zweifel darthun, ob die Sendung oder Beschäftigung der Haupttheilnehmer in diesem Trauerspiele das Werk der Rebellenverschworenen war oder nicht, die in Canada Zuflucht gesucht hatten. Die Thatsache, daß mehrere derjenigen, welche mit demselben verbunden waren, Antheil an dem St. Alban's Streifzuge nahmen, und Conföderirte den Versuch machten, New-York letzten Herbst zu verbrennen, ertheilt starken umständlichen Beweis, daß dasselbe Gehirn, welches den Plan zu diesen abscheulichen Thaten machte oder ihn anhetzte, auch den Plan zur Ermordung unserer letzten, beklagten und höchsten Magistratsperson in Bewegung setzte.

Die Verschwörer waren durch die stärksten Schwüre, die je Sterblichen abgenommen wurden, mit einander verbunden und jede Person, die in deren Geheimnisse eingelassen wurde, mußte denselben bis zu seinem Ende getreu bleiben, unter Androhung der Todesstrafe, — indem sein Leben durch irgend einen der Mitglieder genommen werden konnte. Viele der Verbündeten waren nicht völlig in ihre Geheimnisse eingeweiht, und nur diejenigen, deren Treue bei Graden war erprobt worden, durften sich ihnen nähern. Die Behörden sind glücklich genug, sich zu vergewissern, wo, wann und wie oft die Verschwörer ihre Zusammenkünfte hielten und haben die Leute, welche die Häuser, wo sie zusammenkamen, bewohnten, in Verhaft genommen. Die Zahl derjenigen, welche vor der Vollbringung der That in das Geheimniß gelassen wurden, war so groß, daß es ganz zum Erstaunen ist, daß nicht einer von der Zahl es offenbarte.

Es scheint, daß ungefähr drei Wochen vor der Ausführung des Planes einer von der Bande sich empörte über den ihm von den Anführern zugedachten Antheil, welchen er in jener merkwürdigen Nacht an dem Werke nehmen sollte, und machte alsbald seinen Wunsch, sich zurück zu ziehen, bekannt. Er wurde aber an seinen Schwur erinnert, und man brauchte jeden Versuch, ihn zur Vollbringung seines Werkes zu bringen. Aber je mehr er nachdachte, desto beunruhigter wurde er über die gefährlichen Vorschläge dieser höllischen Pläne. Nach einigen Tage langen Hin- und Herreden gelang es ihm endlich, die Zustimmung seiner Verbündeten, ihn von aller Verbindlichkeit mit ihnen frei zu sprechen, zu erhalten, unter der Bedingung, daß er die Stadt verlassen und erst in sechzig Tagen zurückkehren solle. Er verließ die Stadt und war irgend wo innerhalb der Linien der Potomac-Armee, wenn die Nachricht über die Ermordung des Präsidenten dort ankam. Er machte sich sogleich auf nach Fort Monroe, übergab sich dort und wurde nach Washington geschickt und kam dort den ersten Morgen nach dem Leichenbegängnisse des Herrn Lincoln im Weißen Hause an. Als er vor die Behörden gebracht wurde, legte er ein volles Bekenntniß ab, über Alles, was er von dem Plotte wußte, über das Wo und Wann ihrer Zusammenkünfte und über diejenigen, welche damit verbunden waren. Man glaubt, daß die Proklamation des Sekretärs Stanton, welche eine höhere Belohnung für die Gefangennahme Booth's und auch Atzeroth's und Harrold's versprach, auf die Bekenntnisse des Gefangenen ihre Basis hatte. Unter allen Verhältnissen waren die Verhaftungen an jenem Tage zahlreich und mehrere Bewohner Washingtons waren in der Zahl. Dieses öffnete den Weg zu weiteren wichtigen Entdeckungen.

Die Zahl zur Ausführung des Komplottes war sehr groß. Außer Booth und seinen Mitschuldigen in und um dem Theater, dem Meuchelmörder des Herrn Seward, und Atzerot im Kirkwood, war noch eine Anzahl damit beschäftigt, die Telegraphendrähte, welche zum Kriegsdepartement führten, zu durchschneiden, während eine andere Anzahl sich bemühete, die Aufmerksamkeit der Behörden von den fliehenden Verbrechern abzuwenden. Es scheint, daß gerade zehn Minuten nach zehn Uhr zwei und zwanzig Drähte, die von dem Kriegsbureau sich in verschiedene Richtungen hinziehen und dasselbe mit den Fortifikationen und Außenposten verbinden, durchschnitten wurden. Da diese Drähte ziemlich weit von einander durchschnitten wurden, und dieses gleichzeitig geschah, so ist dieses ein klarer Beweis, daß eine Anzahl Männer damit beschäftigt waren, und man glaubt jetzt, daß zweiundzwanzig Personen angestellt waren, um dieses Werk zu vollführen. Die Zeit, zu welcher dieses vollbracht wurde, zeigt außer Zweifel die Stunde an, zu welcher der Präsident ermordet wurde, welche man immer als zwischen halb zehn und halb elf Uhr angab. Sie weicht wahrscheinlich nicht viel von zehn Uhr ab.

Die zahlreichen Geschichten in Beziehung der vorgehabten Ermordung aller der höchsten Beamten der Regierung sind gar nicht glaubwürdig. Die Beweise, die man bis jetzt erhalten hat, zeigen, daß die Projekte nur die Ermordung des Präsidenten, Vicepräsidenten und Sekretär Seward im Schilde führten, — nicht mehr und nicht weniger. Aus einem gewissen Grunde verfehlte die Person, die ihr Programm an Herrn Johnson zu vollbringen hatte, ihr Werk. Booth ist der einzige Mann, der sein Werk buchstäblich ausführte. Der Mörder, der Herrn Seward zu morden suchte, dachte ohne Zweifel, daß er sein Werk vollbracht habe, aber von der Vorsehung gebrachte Umstände verhinderten, daß seine Stiche erfolgreich waren.

Gerechtigkeit scheint schnell in ihrem Heimsuchen dieser Verbrecher und deren Theilnehmer zu sein. Der Anführer starb schon eines Todes von großer Qual und harten Leiden. Das Schicksal der Anderen ist noch in die unbekannten Geheimnisse der Zukunft geschlossen.

Die Meuchelmörder — deren Verfolgung und Gefangennahme.

Der Präsident und General Grant waren eingeladen worden, Ford's Theater in Washington am Abende des 14. April zu besuchen, und beide hatten die Einladung angenommen. General Grant wurde nach dem Norden gerufen und verließ Washington am Abende. Der Präsident wohnte dem Theater bei, damit die Zuschauer nicht getäuscht würden in Folge der Abwesenheit des General Grant. Kurz, nachdem der Präsident und Gesellschaft ihre Loge betreten hatten und die Vorstellung sie zu interessiren begann, bemerkte Jemand John Wilkes Booth, den er gut kannte, wie er der Parterre des Theaters entlang, der Loge des Präsidenten zuging, als er noch ungefähr ein oder zwei Schritte von der Loge des Präsidenten entfernt war, nahm er seinen Hut ab, hielt ihn in seiner linken Hand und lehnte sich an die sich hinter ihm befindliche Wand. In dieser Stellung verweilte er ungefähr eine halbe Minute, dann that er einen Schritt vorwärts, legte seine Hand an die Thüre und stemmte seinen Fuß dagegen; die Thür öffnete sich und Booth trat ein. Der Schuß war das nächste; Booth stand aufrecht mit erhobenen Händen, aber in dem Augenblicke wurde weder Waffe noch irgend etwas in seinen Händen gesehen. Dann sprang er auf die Vorderseite der Loge, legte seine Hand auf das Geländer, wurde aber augenscheinlich für einen Augenblick aufgehalten, indem sich sein Rock oder Hose in irgend etwas gefangen hatte, oder als ob ihn Jemand zurückhielt. Einen langen Dolch sah man jetzt in seiner rechten Hand, welche er auch auf das Geländer legte, wo seine linke war und sprang hinaus. Als seine Beine durch die Fahnen der Falten, die die Loge dekorirten, passirten, fingen seine Sporen, welche er an seinem rechten Absatze trug, das Zeugwesen und brachte es herunter, einen Streifen davon reißend. Als er das Geländer los ließ, hielt seine Hand noch immer das blitzende Messer. Er bückte sich im Falle, und da er auf ein Knie fiel, streckte er beide Hände aus, sich zu helfen, eine aufrechte Stellung zu gewinnen, welches er that mit der Schnelle und leichten Behendigkeit eines Athleten. Als er über die Bühne schritt, rief er laut das Motto Virginiens aus "Sic semper tyrannis," seinen Dolch schwingend, als er vorüberschritt. Als er die andere Seite der Bühne erreicht hatte, gerade als er außer Sicht durch die Betretung des Einganges kam, schauete er auf und man hörte ihm sagen: „Ich habe es vollbracht" und war dann außer Sicht.

John Wilkes Booth.

Man glaubte allgemein, und die Familie ermunterte diese Meinung, daß Junius Brutus Booth, sen., mit der Dame rechtmäßig verheirathet war, welche in diesem Lande als seine zweite Frau galt. Als vor ungefähr sieben Jahren in einer New-Yorker Zeitung die Todesanzeige seines ersten Weibes, Madam Maria Booth in Baltimore erschien, sammt einer anderen hinzugesetzten Anzeige ihrer Ehescheidung, vereinigten sich die Söhne in einer Karte, welche in demselben Blatte erschien, behauptend, daß ihr Vater nur eine Frau, und diese eine ihre Mutter, gehabt habe, die damals (und jetzt) noch lebte, die vermuthliche Madam Rosalie Booth, von welcher er nie geschieden sei. Aber diesem war nicht so. Der ältere Booth war zur Zeit seines letzten Auftretens im Conventgarten-Theater ein verheiratheter Mann. Als er dort war, begegnete er durch Zufall im Convent-Garten-Markte (damals so gut als Heumarkt bekannt) einem

Blumenmädchen, Rosalie mit Namen, welche regelmäßig in jenem Theile Londons an Marktstunden Blumen verkaufte. Sie besaß seltene persönliche Reize und war in der That äußerst schön. Booth machte sich mit ihr bekannt, welches zu Liebe anreifste und welches ein Davonlaufen zur Folge hatte, indem Booth sogleich mit ihr Passage nach Amerika nahm, wo die schöne Rosalie überall als sein Weib galt und passirte. Mit seiner ersten Frau hatte er ein Kind, welches zur Zeit seiner Verlassung noch unmündig war. Als sie ausfindig machte, wohin Booth gegangen war, folgte sie ihm mit ihrem Kinde, und schlug in der Folge ihre Wohnung in Baltimore auf. Das Kind, als es zum Mannesalter heranreifte, wurde Advokat, und Richard Booth, Esq., war hernach als eines der vornehmsten Mitglieder der Bostoner Advokatenbank bekannt. Die anderen Kinder Booths erkannte er nicht einmal an, und sprach Jahre lang nicht zu seinem Vater. Es war vielleicht in Rücksicht auf dieses Kind, daß sich der ältere Booth auf gerichtlichem Wege nicht ein Ehescheidungsschreiben von seinem Weibe Maria verschaffte; wenn er wirklich Gründe hatte, durch welche er hoffen konnte, eine gewünschte gesetzliche Trennung zu erhalten, ohne welche, wie es scheint, eine zweite Heirath außer Frage gestellt war. Ihre Mühsale und Erfahrungen brachten sie nach und nach in einen Zustand der Ausschweifung. Sie wurde gerade so unmäßig, wie Booth selbst, und es war ihre Gewohnheit, wenn voller hitziger Getränke, die Märkte Baltimore's zu durchsuchen, um dem Weibe zu begegnen, welche sich ihrer Rechte in dem Herzen und der Heimath ihres Gemahles angemaßt hatte. Diese Zusammenkünfte wurden durch die eine so vermieden, als die andere sie suchte. Madam Booth fiel Rosalie mit heftigen, oft groben Worten und schimpflichen Ausdrücken an, welche sie nie übel aufnahm, sondern sie so kurz als möglich durch das schnellste Weggehen abschnitt. Die Thatsache, welche aus dem Zustande dieser Angelegenheiten wuchs, ist, daß die Kinder — Junius Brutus, Edwin Forrest, John Wilkes, Joseph und die Schwestern — unehelicher Geburt sind; dieser Thatbestand wäre vielleicht mit den wenigen, die damit betraut waren, ausgestorben, wenn es nicht das große Verbrechen gewesen wäre, welches die öffentliche Neugierde anreizte und die Geheimnisse des Familienregisters öffnete, dessen Thore so fest geschlossen und bewacht waren durch die Kinder in ihrem Streben nach professionellen Rang und gesellschaftliche Stellung, daß eine rechtmäßige Untersuchung sie vielleicht nie aufgezwungen hätte. Sie waren alle ihrer Mutter sehr zugethan, und es war ihre Gewohnheit, wenn sie Engagements das Land hindurch vollfüllten, ihr ihr Geld in Verwahrung zu geben, und nur so viel behielten, als sie für ihre persönlichen Ausgaben brauchten.

Der ältere Booth war ein englischer Tragödienspieler, geboren in London im Jahre 1796. Während seiner Minderjährigkeit spielte er in einigen der englischen Provinzial-Theater mit mäßigem Erfolg, und in 1814 machte er sein Debut in seiner Geburtsstadt im Conventgarten-Theater als Richard III. Seine persönliche Aehnlichkeit zu „der buckligen Kröte“ stimmte so sehr mit den Bühnentraditionen überein, und seine Darstellung des Charakters war in anderen Hinsichten so schlagend, daß er sogleich einen hohen Rang in der Profession einnahm, und concurrirte erfolgreich mit Edmund Kean, damals der aufgehende Stern der englischen Bühne, im Drury Lane Theater. Kurz nachher spielte er mit Kean im „Drury“ und wurde in der Folge angezeigt, sein Wiederauftreten im Conventgarten zu machen. Während dessen fiel Etwas vor, welches ihn ganz unpopulär mit dem Publikum machte, und sein Wiederauftreten war das Signal zu einem ernsten theatralischen Aufruhre, welches seine Vertreibung von der Londoner Bühne für eine Zeitlang zur Folge hatte. Wir erinnern uns der besonderen Umstände nicht mehr genau. Eifersucht, professionelle oder andere, brachte die feurige Natur Booth's zum Kochen, und er suchte das Leben der ihm im Wege stehenden Person, aber er verfehlte es, zu nehmen. Der Mann überlebte den Angriff, und wir glauben, daß er jetzt in St. Louis wohnt. Booth blieb in England ungefähr bis zum Jahre 1820, wenn er den atlantischen Ocean kreuzte, und sein erstes professionelles Erscheinen in diesem Lande in Petersburg, Virginien und das folgende

Jahr im Park-Theater, New-York, an welchen beiden Veranlassungen er seine Lieblingsrolle als „Richard III." annahm. Von dieser Zeit an bis zum Ende seines Lebens vollzog er Engagements in fast, wenn nicht jedem Theater in den Vereinigten Staaten, und wurde für einen der größten Schauspieler seiner Zeit gehalten, obgleich der Rang seiner von ihm angenommenen Charaktere begrenzt war, und sich nur fast auf diejenigen beschränkte, welche er im Anfange seiner Laufbahn studirt hatte. Nachdem sich Booth ein mäßiges Auskommen gesichert hatte, kaufte er sich nahe bei Baltimore ein Eigenthum, unter dem Namen „Die Farm" bekannt, wo er während seiner späteren Jahre seinen Wohnsitz hatte, und gelegentlich professionelle Besuche nach anderen Städten machte. Er machte einen Ausflug nach Californien, ungefähr um das Jahr 1850, wo er ein sehr einträgliches Gastspiel beschloß, und auf seiner Heimreise trat er das letzte Mal im St. Charles Theater als Herr Giles Overreach, in dem Schauspiele „Ein neuer Weg zur Bezahlung alter Schulden" auf. Es war auf der Reise von jener Stadt nach Cincinnati, daß er starb. Seine Gebeine wurden nach „Der Farm" zum Begräbnisse gebracht.

Booths Gewohnheiten waren unregelmäßig im äußersten Sinne des Wortes, und traten zu Zeiten so zwischen seine Vorstellungen, daß ein weniger talentvoller Schauspieler seine Popularität verwirkt haben würde, ohne Aussicht, sie wieder zu erlangen. Es war selten, daß er nüchtern auf die Bühne kam, und gegen das Ende seines Lebens erforderte es die ganze Wachsamkeit und Kunst der Bühnendirektore, ihn in einem solchen Zustande zu halten, daß er überhaupt auf der Bühne sein Erscheinen machen konnte. Die Geschichten, welche in Verbindung mit ihm erzählt werden, sind unzählig, und einige davon äußerst spaßig. Sein Appetit für Liqueur war durchaus gefräßig. Da er einmal in New-York außer Geld gerathen war, ging er zu einem Pfandverleiher und verpfändete sich buchstäblich selbst für Geld, um Branntwein zu kaufen, wurde mit einem regelmäßigen Ticket versehen, im Fenster zur Schau gestellt, wo er blieb, bis ein Freund kam und ihn loskaufte. Ein anderes Mal war Booth angekündet, in Philadelphia zu erscheinen -- dem Walnutstraßen-Theater wenn wir recht sind —, da schloß ihm der Direktor am Tage vor seinem Erscheinen in ein Zimmer ein, wurde aber durch den Schauspieler überlistet, welcher den Diener mit Geld bestach, ihm eine Flasche Branntwein, eine Tasse und eine irdene Pfeife zu bringen. Indem der Stiel der Pfeife durch das Schlüsselloch mit dem Kopfe nach unten gesteckt wurde, wurde der Branntwein in die unter dem Pfeifenkopf gehaltene Tasse geschüttet und von dem durstigen Trauerspieler durch die Pfeifenröhre gesogen, und die That wurde offenbar, als der Direktor im Dunkelwerden kam, ihn nach dem Ankleidezimmer zu bringen, und ihn im unvernünstigen Zustande fand.

Es wurde für etwas gefährlich gehalten, Richmond zu Booths Richard zu spielen, besonders wenn jener in Branntwein war. Während des Gefechtes auf dem Bosworth Felde war er fähig, sich in seiner Aufregung für den wirklichen König zu halten, und er hauete und stieß mit dem Ernste und der Wuth eines Mannes, welcher in einem ernsten Waffengemenge ist, wo sein Leben davon abhängt. Zu solchen Zeiten war es nöthig, ihn wehrlos zu machen, und es war in einem dieser „Wahnsinns-Anfälle," daß sein Gesicht für sein ganzes Leben hindurch verunstaltet wurde, durch einen in Gefahr gebrachten Schauspieler, indem seine Nasenbrücke durch einen aus bloßer Vertheidigung gegebenen Schlag zerbrochen wurde.

Die sehr spaßige Scene, die in einem New-Yorker Theater zwischen Booth und dem berühmten „fetten Mädchen," von Barnums Museum vorfiel, ist vielleicht noch Vielen bekannt, und ist vielleicht einer der am meisten amüsirenden Vorfälle in den Annalen der Bühne. Es ist zweifelhaft, ob Booth je wahnsinnig war, wenn nicht unter dem Einflusse der starken Getränke. Er war dessen ungeachtet von sehr feuriger Art, und in seiner eigenen Sphäre — dem plötzlichen und heftigen Ausdrucke einer zusammengezogenen Leidenschaft, und auch in den ruhigeren und feineren Linien seiner Darstellungsweisen — war er vielleicht unübertroffen von irgend einem Schauspieler seiner Zeit, und er wäre für verrückt gehalten, hätte man angenommen, daß er in seinen dramatischen Ausbrüchen mehr durch Gefühl als durch künstlerische Geschicklichkeit geführt worden sei. Auf der Bühne war der ältere Booth gesellig, frohsinnig, warmherzig und wurde in seiner Profession geliebt, wie er bewundert wurde.

John Wilkes Booth — der Ehrlose — wurde auf „Der Farm" bei Baltimore geboren, im Jahre 1838, und ist folglich erst siebenundzwanzig Jahre alt. Er machte sein erstes Erscheinen auf der Bühne im Jahre 1855, in Richard III. in Richmond, im St. Charles Theater in Baltimore und im Herbste 1857 erschien er unter dem Namen Wilkes im Archstraßen-Theater in Philadelphia, wo er in der Stock-Compagnie die ganze Saison hindurch spielte. Der Name Wilkes wurde ihm von seinem Vater gegeben, zur Ehre eines alten Baltimorer Freundes, Jim Wilkes, eines erfolgreichen und sehr verständigen Kaufmannes. Der junge Booth wurde darnach ein Mitglied des Richmond, Va., Theater, verbesserte sich rasch in seiner Profession und wurde dort ein großer Günstling. Während der Saison 1860 und 1861 finden wir ihn noch mehr südlicher, hauptsächlich in Montgomery und Columbus, Ga., spielend.

Da er vielleicht an einer Conscription in der südlichen Armee keinen großen Gefallen fand, wie sehr er auch die Sache befürwortete, entfloh er nach dem Norden und spielte in 1862 in St. Louis, Louisville und anderen westlichen Städten. Es war während der folgenden Saison, wie wir glauben, daß er sein erstes Auftreten in Cincinnati, in Wood's Theater machte, und den Eindruck zurück ließ, obgleich er ein ungleicher Spieler war, wie man von seiner beschränkten Erfahrung wohl erwarten konnte, daß er doch wohlzubemerkendes dramatisches Talent besitze. Er hatte verbunden mit seinem angeborenen Genie eine volle und reiche musikalische Stimme, ein fast klassisches Gesicht, hohe geistige Gesichtszüge, ein stechend schwarzes Auge, fähig, die heftigste und zärtlichste Leidenschaft und Bewegung auszudrücken, eine gebieterische Gestalt und eine nachdrucksvolle Bühnenaddresse. In seinen Uebergängen von ruhigen und nachdenkenden

Scenen zu heftigen und gewaltsamen Ausdrücken einer Leidenschaft, dort war in seiner plötzlichen und ungestümen Manier Etwas von der elektrischen Kraft und Macht, welches den älteren Booth so berühmt machte, und welches dem Gedächtnisse der Männer der letzten Generation die Gegenwart, Stimme und Manier des Vaters zurück rief. Gesellig in seinen Gewohnheiten, lebhaft und frohsinnig in Unterhaltung, machte John Wilkes viele Bekanntschaften und Freunde zwischen den jungen Männern seines Alters in dieser Stadt — eine Bekanntschaft, die durch zwei folgende Engagements wieder erneuert wurde.

Unsere Erinnerung an Booth ist etwas unklar, aber wir erinnern uns, daß seine Gesichtszüge im ruhigen Zustande einen dunkeln und melancholischen Ausdruck hatten; doch, daß sie unter einem angenehmen Einflusse oder Bewegung sehr lebhaft und feurig waren. Sein Haar, schwarz und glatt, ein wenig gelockt, stach in gehöriger Abwechslung ab, gegen eine hohe verständige Stirn und ein geistreiches Gesicht. Sein Kinn und seine Nase ragten hervor, und die fest gesetzten Lippen und Züge des Mundes zeigten an eine Willensfestigkeit, feste Entscheidung und Entschluß. Er war gewissenhaft, genau in seiner Kleidung und wählte seinen Anzug mit einer seltenen Wahrnehmung, wie es seiner Gestalt und seinem Aussehen am besten anstand. Er passirte irgendwo für einen nett, aber nicht zu sehr gekleideten Mann der Mode.

Ueber seine politischen Ansichten war sehr wenig bekannt. Er hielt, so viel als wir gehört haben, seine Meinung über das Subjekt still. Da er ein Südlicher von Geburt und Erziehung war, so nahm man an, daß seine Gefühle sich derselben Richtung zuwendeten; aber er zeigte keine besondere Wärme oder Eifer für die Rebellion, und nichts zeigte, daß er das entfernteste Verlangen hege, die Sache durch Geld zu unterstützen, viel weniger, ihr seinen persönlichen Beistand zu schenken. Es wird von einem Manne erzählt, welcher die Unterredung anhörte, daß Booth, während seines Engagements in Louisville 1862, mit dem Schatzmeister des Theaters in einen Wortstreit fiel, der ein wüthender Rebell war, während sie eines Morgens in der Ticket-Office waren. Er bemerkte mit Nachdruck, daß er ein südlicher Mann sei, daß er das Volk des Südens liebe, weil es gut gegen ihn gewesen seien, aber trotz allen dem könne er nicht zugeben, daß der Süden ein Recht habe, sich zu trennen; daß sie Alle ihren eigenen Weg im Congreß hätten, und daß, wenn sie fechten gewollt hätten, sie unter der amerikanischen Flagge gefochten haben sollten. Dort ist eine andere Geschichte, zu dem Endpunkte, daß Booth, während er ein Jahr oder länger zurück ein Engagement in Cleveland spielte, in einer öffentlichen Trinkhalle behauptete, daß der Mann, welcher Abraham Lincoln tödten würde, eine größere beneidenswerthe Berühmtheit erlangen würde, als Washington selbst. Es ist natürlicher Weise unmöglich, zu bestimmen, welcher von den beiden Ausdrücken der rechte ist.

Das letzte Auftreten Booth's auf der Bühne (wenn man ein oder zwei Benefizvorstellungen ausschließt) trug sich zu im Wintergartentheater New-York; und dann in Verbindung mit seinen Brüdern Edwin und Junius Brutus in dem Schauspiele „Julius Cäsar" zum Besten des Shakespeare Monument-Fondes; und hätte, wie wir glauben, am 22. April in demselben Theater und zum Besten desselben Fondes spielen sollen. Das erwählte Schauspiel war „Romeo und Julie," die Besetzung der Booth's war folgende: John Wilkes als Romeo, Edwin als Mercutio und Junius als Bruder Lorenzo.

Da die öffentlichen Blätter noch immer mit Paragraphen über Booth's Verbindung mit dem Oel-Geschäfte angefüllt sind, so mag es vielleicht interessant sein, zu lernen, daß das Kriegsdepartement die Sache vollständig durchsucht hat, und das folgende ist das sich ergebene Resultat:

„J. Wilkes Booth war niemals in den Oelregionen Pennsylvaniens mehr als einmal und das war letzten Sommer. Er hielt sich zwei Tage in dem Petroleum-Hause Oel City auf und begab sich dann, wie er sagte, nach New-York. Er wurde nachgespürt bis Salamanca, von da nach Buffalo, von wo, wie man annimmt, er nach Canada ging. Er kaufte niemals in irgend einem Theile des Oelterritoriums jenes Staates ein einziges Faß

Oel, noch eignete oder pachtete er irgend eine Quelle oder ein Stückchen Landes in jenem Staate. Nicht eine einzige Person kann gefunden werden, die ihm je Etwas verkaufte, oder die je mit ihm handelte oder für irgend Etwas in den Oelregionen mit ihm tauschte. Nicht eine einzige Oel-Compagnie kann gefunden werden, an welcher er jeden geringsten Antheil hätte. Und das sonderbarste ist, daß man in den Oelregionen Pennsylvaniens nicht ein einziges Individium finden kann, der Booth hier jemals begegnete und ihn zur Zeit kannte!

Boston Corbett.

Boston Corbett, der Held der Gefangennahme Booth's, wurde in London, England, geboren. Er wurde, als er acht Jahre alt war, durch seinen Vater nach New-York gebracht. In der Folge ging er nach Boston, wo er zum Mitgliede der Methodistischen Kirche getauft wurde. Er sagt, da er zu jener Zeit sein Leben zu bessern wünschte, so wechselte er seinen früher gegebenen Namen und wurde „Boston" getauft. Nachher wohnte er in New-York, wo er in das 16te Cavallerie-Regiment eintrat. Er ist bescheiden, als er fromm ist, und sein Lieutenant hält ihn für den besten Soldaten. Einer der Geheimpolizisten bot ihm eine von Booth's Pistolen zum Andenken an die Begebenheit an; aber er schlug sie ab, indem er sagte, er brauche keinen Erinnerer an die traurige Pflicht, die er zu vollbringen gehabt habe, und er wünsche, es so bald als möglich von seinem Gedächtnisse zu entfernen. Man bot ihm kürzlich hundert Dollars für seine eigene Pistole, mit welcher er Booth erschoß; aber er gab augenblicklich zur Antwort: „Die ist nicht meine, die gehört der Regierung und ich würde sie für keinen Preis verkaufen." Als man zu ihm über die große Belohnung sprach, gab er zur Antwort, daß er keine Belohnung für das verlange, was ihm Gott in Antwort zu seinem Gebete, als seine Pflicht zu thun, kundgegeben habe. Er bemerkte aber, wenn die Regierung ihn zu belohnen wünsche, und ihm erlaube, wenn seine Dienstzeit vorüber sei, sein kleines Pferd zu behalten, so wäre das Alles, was er wünsche.

Verfolgung und Gefangennahme.

Die ersten Spuren Booth's wurden durch Col. Baker entdeckt, welcher kürzlich einen erfolgreichen Streifzug gegen die New-Yorker Bountyspringer und Mäkler machte. Es scheint, daß Booth's Bein durch den Sprung aus der Loge des Präsidenten gebrochen wurde. Nachdem er das Pferd bestiegen, begab er sich nach den unteren County's von Maryland, nachdem Harrold, welcher mit den Sümpfen und Verstecken jener Gegend genau bekannt war, sich ihm angeschlossen hatte. Booth achtete im Anfange kaum auf sein Bein; aber nachdem er wenige Meilen geritten war, wurden die Schmerzen so groß, daß er sich zum Hause des Dr. Mudd, in Charles County begab, wo er es um drei Uhr Morgens, am Sonntag den 16. April, dem zweiten Tage nach der Ermordung des Präsidenten zurecht gesetzt bekam. Dr. Mudd schnitt einen Stiefel Booth's offen, um ihn abzubekommen, und als er fort ging, gab ihm der Doktor ein Paar Krücken, und man glaubt, daß er eine östliche Richtung von der Nachbarschaft Bryantown's einschlug. Dann erreichten sie Turner's, ungefähr fünf Meilen von Bryantown, und während sie einige Erfrischungen einnahmen, wurde ein Diener geschickt, um die Nachbarn über deren Gegenwart in Kenntniß zu setzen, da man Booth erkannt hatte. Als sie die Klemme gewahrten, in welcher sie sich befanden, ergriffen sie das Essen auf dem Tische, machten sich davon und suchten Schutz in den Sümpfen und dem Gebüsche. Eine gewisse Dame in Maryland schenkte Booth eine Buffalodecke, welche in dem Feuer in Garrett's Scheune, wo er gefangen wurde, verbrannte. Col. Baker's Truppen spürten ihm bis zu Dr. Mudd's Wohnung nach und der Doktor wurde mit einem von Booth's Stiefeln in seinem Besitze, worin Booth's Namen war, durch das Militär in Haft genommen und augenblicklich nach Washington transportirt.

Nachdem Col. Baker lernte, daß keine Spuren von ihm nach seiner Verlassung der Wohnung des Dr. Mudd, nahe Port Tobacco, wo sein zerbrochenes Bein zurecht gesetzt wurde, gefunden werden konnten, befriedigte ihn die Annahme, daß Booth über den Potomac gesetzt und sich über die Aquia Creek oder in der Nähe nach Virginien geflüchtet habe. Deßwegen verschaffte er General Hancock eine Order, ihm sechsundzwanzig auserlesene Cavalleriemänner zu stellen, als Eskorte für seinen Bruder Lieutenant Baker und Oberstlieutenant Conger, welche dieselben auf einen Weg führen sollten, den nach einer genauen Uebersicht der Karte von Virginien am wahrscheinlichsten von Booth eingeschlagen war. Sie begaben sich auf dem Dämpfer Ides den Fluß hinunter, bis nach Belle Plain, dort aussteigend ritten sie nach einem, Port Royal gegenüberliegenden, Punkte am Rappahannock. Hier war eine Flachbootfähre, und der Fährmann wurde scharf gefragt, ob nicht irgend eine Gesellschaft als Booth und Harrold über den Fluß gesetzt sei; aber während Lieutenant Baker Booth's Photograph vorzeigte, mit der Aussicht, dessen Gedächtniß zu erfrischen, ein dunkel farbiger, aber loyaler Virginier, der als Gehülfe an der Fähre beschäftigt war, schaute über des Geheimpolizisten Schulter und das Bild sehend, rief er augenblicklich: „Yes, Massi, ich kenne den Mann, ich setz' ihm über den Fluß den andern Tag mit drei anderen Männern, in zwei mit Pferden bespannten Wagen.“ Der weiße Eigenthümer konnte sich aber doch nicht erinnern, dennoch wurde die Spur für gut gehalten. Zu Port Royal schlugen sie die Straße nach Bowling Green ein, und kamen zu der Wohnung der Garrett's, und da sie ungefähr eine Viertelmeile von der Straße entfernt lag, gingen sie vorüber und ritten einige Meilen weiter. Dieses war ungefähr drei Uhr Morgens. Hier begegneten sie aber einem andern farbigen Virginier und wurden von ihm gewahr, daß eine solche Gesellschaft, als sie darnach fragten, ungefähr vor zwei Tagen zurück in Herrn Garrett's Hause von zwei Rebellenoffizieren zurückgelassen sei. Die Truppe schwenkte dann um und kehrte zu Herrn Garrett's Wohnung zurück. Lieut. Baker stieg ab, forderte Einlaß und die

Bildniß von John Wilkes Booth.

Uebergabe Booth's. Der alte Garrett leugnete, irgend Etwas über Booth zu wissen; aber da er sah, daß Baker seinem Revolver eine ziemlich gefährliche Richtung gab, erinnerte er sich zweier Rebellenoffiziere, welche in seinem Hause verweilt hätten, einer von ihnen verwundet. Er gab an, daß er nichts über ihre Namen wisse; er sagte, sie wären über die Nähe der Union-Cavallerie berichtet worden und hätten das Haus verlassen und die Pferde verlangt, weil sie weg müßten; aber er verweigerte ihnen hartnäckig, die Pferde gehen zu lassen, weil er fürchtete, wie er sagte, daß er sie wieder erhalte. So flohen Booth und Harrold nach der Scheune, und Garrett schickte seinen Sohn, die Scheune zu bewachen, auf daß sie nicht die Pferde stehlen würden, und sagte, daß sie in diesem Augenblicke in dem an die Scheune stoßenden Kornhause versteckt seien. Diese Aussage bestätigte sich. Lent. Baker begab sich dann zu der Thür der Scheune, schlug mit seinem Revolver heftig gegen dieselbe, und rief laut aus: „Booth! Booth!!" Nach einer längeren Stille erneuerte Baker das Klopfen und Rufen — Booth kam dann zu der Thüre und fragte: „Wer bist Du und was willst Du? Bist Du ein Conföderirter oder Yankee?" Baker antwortete, indem er seinen Namen gab, worauf Booth erklärte, er würde den ersten Kerl, der die Scheune betrete, erschießen.

Als er aufgefordert wurde, heraus zu kommen und sich zu übergeben, verlangte er im wilden und aufgeregten Tone zu wissen, für wen sie ihn hielten, und durch welche Autorität, und welches Verbrechens er beschuldigt sei, die größte Aufregung erweisend und gebrochene Worte hervorbringend. Die Offiziere forderten ihn auf, heraus zu kommen und sich zu übergeben. Er verweigerte, das zu thun und bedrohete Jeden, der sich nähere, zu erschießen. Er sagte, er sei allein und werde sich nie übergeben. Sergeant Boston Corbett befand sich an einer Ecke der Scheune, wo ein Brett abgerissen war, wodurch er dem Feuer Booth's bloß gestellt wurde. Er drückte das Verlangen aus, hinein zu gehen und ihn zu verhaften, indem er sagte, er wolle sein Leben durch das Zusammentreffen auf das Spiel setzen, und viel lieber gehen, ihn anzugreifen, als in der ausgesetzten

Stellung zu verweilen; aber es war zu augenscheinlich, daß Booth sein Leben so theuer als möglich zu verkaufen geneigt sei, so, daß Lieut. Doherty ihm den Eintritt nicht erlauben wollte. Die Offiziere gaben dann Booth fünf Minuten Zeit, sich zu übergeben, oder anders würden sie die Scheune in Brand stecken. Aber fast eine halbe Stunde verfloß dennoch durch die Unterredung, bis Feuer an die Scheune gelegt wurde.

Während die Flammen ihren Fortschritt nahmen, sah Corbett, wie Booth seinen Spencer-Carabiner auf einen der Leute anlegte. Corbett, der ein tief religiöser Mann ist, sagte, er betete inbrünstig für Booth, daß Gott Erbarmen mit seiner Seele haben möge, und fühlend, daß er gerechtfertigt sei, ihn zu schießen, um die mögliche Erschießung eines andern unschuldigen Mannes zu verhindern, näherte er sich der Spalte in der Scheune, richtete seinen Revolver und schoß. Sein Schuß, durch ein wunderbares Zusammentreffen, drang in seinen Kopf auf beinahe derselben Stelle, wo Präsident Lincoln getroffen wurde; die Kugel drang durch und kam auf dem oberen Theile des Nackens auf der entgegengesetzten Seite heraus.

Booth fiel augenblicklich und sein Carabiner fiel schwer mit ihm. Er stand zur Zeit unterstützt durch eine Krücke; sein Körper wurde gleich darauf aus der brennenden Scheune entfernt. Dieses fiel gerade beim Tagesanbruche des 26. April vor, und er lebte noch bis beinahe 7 Uhr.

Booth und Harrold erreichten Garrett's am 24sten; Booth ging auf Krücken. Vier oder fünf Personen begleiteten sie, welche über Booth als einen verwundeten Marylander sprachen, der auf seinem Heimwege sei, und daß sie wünschten, ihn dort eine kurze Zeit zu lassen, und daß sie ihn am 26sten wieder abholen würden. Booth hinkte etwas und ging mit Krücken auf dem Platze umher, über seinen Fußknöchel klagend. Er und Harrold nahmen ihre regelmäßigen Mahlzeiten in dem Hause und beide verhielten sich dem Anscheine nach gut.

Eines Tages beim Mittagessen wendete sich die Unterhaltung am Tische der Ermordung des Präsidenten zu, als Booth das Verbrechen durch die stärksten Ausdrücke denunzirte, indem er sagte, daß keine Strafe hart genug für den Verbrecher sei. Ein anderes Mal sagte Jemand in Booth's Gegenwart, daß Belohnungen, die sich auf $200,000 beliefen, für Booth geboten seien, und daß er ihn gerne fangen möchte, als Booth zur Antwort gab: „Ja, es würde ein guter Fang sein, aber er glaube, daß man die Summe bald auf $500,000 erhöhen werde." Die Garretts, welche auf dem Platze wohnten, behaupten, daß sie keine Idee hätten, daß diese Personen — Booth und Harrold — Jemand anders wären, als für was ihre Freunde sie ausgaben, parolirte Conföderirte Soldaten auf ihrem Heimwege begriffen. Sie sagen auch, daß, sobald als die Cavallerie ihr Erscheinen in der Nachbarschaft machte, und sie hörten, daß sie sich nach den Mördern umschaueten, sie ihnen sogleich Wort sendeten, daß die zwei Männer auf dem Platze seien. In anderen Worten, sie behaupten, ganz unschuldig zu sein, den Mördern Hülfe und Bequemlichkeit gegeben zu haben, da sie dieselben nicht kannten

Ein anderer Bericht sagt, daß das Detachement des 16ten New-Yorker Cavallerie unter Lieut. Doherty, achtundzwanzig Mann zählend und begleitet von zweien von Col. Baker's geheimer Polizei, welches am Montag Abend den Fluß hinunterging, die ersten Nachrichten über Booth in Port Royal am Dienstage von einem alten Manne erhalten habe, welcher anzeigte, daß vier Männer in Gesellschaft eines Rebellen-Capitäns eine kurze Zeit vorher über den Rappahannock gesetzt seien, eine Richtung nach Bowling Green einschlagend, und er setzte hinzu, daß der Capitän vielleicht in jenem Platze gefunden werden könne, weil er sich um eine dortige Dame bewerbe. Nach Bowling Green vorrückend, fanden sie den Capitän dort im Gasthause und nahmen ihn in Gewahrsam. Von ihm erfuhren sie, daß Booth und Harrold im Hause des John und Wilhelm Garrett seien, drei Meilen rückwärts nach Port Royal, und ungefähr eine Viertelmeile von der Straße, welche die Cavallerie passirt hatte. In der Zwischenzeit, wie es scheint, wandten sich Booth und Harrold an Garrett um Pferde, um nach Louisa Courthaus zu reiten; aber da der Letztere fürchtete, daß sie nicht wieder zurückgeschickt würden, wollte er sie nicht hergeben, ungeachtet der großen Summe, welche sie ihm anboten. Diese Umstände, verbunden mit den Gegenbeschuldigungen Booth's und Harrold's — einer den andern mit der Verantwortlichkeit ihrer Schwierigkeiten beschuldigend — erregten den Verdacht der Garrett-Brüder, welche Booth und Harrold drängten, sie zu verlassen, damit sie (die Garrett's) nicht in Unannehmlichkeiten mit der Cavallerie kämen. Booth weigerte sich, dieses ohne ein Pferd zu thun, und die zwei Männer zogen sich in die Scheune zurück, die Thüre zu welcher, nachdem sie eingetreten, Garrett schloß und dann selbst in der benachbarten Kornkrippe zurückblieb, um zu wachen und, wie er angab, Booth und Harrold zu verhindern, die Pferde zu nehmen und mit denselben in der Nacht davon zu reiten. Bei der Annäherung der Cavallerie von Bowling Green, ungefähr drei Uhr Morgens, kamen die Garrett's aus der Kornkrippe ihnen entgegen, und in Antwort zu deren Fragen zeigten sie dieselben zur Scheune.

Booth wurde sogleich aufgefordert, sich zu ergeben, aber er weigerte sich. Harrold drückte seinen Willen aus, sich zu ergeben, wurde aber eine Zeitlang von Booth abgehalten; endlich ergab er sich und ließ Booth in der Scheune zurück. Der Letztere rief dann mit verächtlicher Stimme laut aus, den kommandirenden Offizier zu kennen, und machte ihm den Vorschlag, seine Leute auf fünfzig Schritt Entfernung aufzustellen, so wolle er heraus kommen und mit ihnen fechten. Nachdem die Scheune fast drei Viertelstunden gebrannt hatte und das Dach dem Einsturze nahe war, machte Booth, welcher mit dem Revolver in einer Hand und dem Carabiner in der anderen auf dem Boden ruhig gestanden hatte, eine Demonstration, als wenn er durch die Garde brechen wolle, um sich zu flüchten. Um dieses zu verhindern, schoß Sergeant Corbett, hoffend, ihm in die Schulter zu treffen, um ihn zu lähmen. Aber die Kugel traf zu hoch und drang in seinen Nacken, und bewies sich als fatal, als vorher gezeigt wurde. In seinem ledernen Gürtel, den er umhatte, fand man den Dolch, den er auf der Bühne so tragisch geschwungen hatte, auf dessen

Klinge geronnenes Blut aufgetrocknet war. Dieses Messer, sein Gewehr und zwei Revolver, welche er auf seiner Person trug, einen in jeder Hand haltend, während er mit seinem Carabiner zielte und geschossen wurde, wurden alle mit seinem Körper nach Washington gebracht.

Booth's Theilnehmer und Begleiter, Harrold, kam beim ersten Feuer aus der Scheuer im aufgeregten Zustande von Gefahr und bekannte Reue mit aufgehobenen Händen. Er bat Booth hörbar, sich zu ergeben, aber es war von keiner Wirkung.

Ehe Harrold ihn verließ, rief Booth mit gezwungenem Stolze laut aus: „Hier, Capitän, ist ein Mann, der sich sehr gerne ergeben möchte!" Er hatte nur einen Augenblick vorher behauptet, daß Niemand als er selbst in der Scheune sei. Harrold wird für eine niedrige feige Memme gehalten. Er sagte, er wünschte, daß J. Wilkes Booth todt gewesen wäre, ehe er ihn je gesehen hätte, und dann bemerkte er mit einfältigem Tone und Bewegung: „Er liebte Lincoln immer so sehr und war so eingenommen für dessen Späße." Harrold wurde nach Washington gebracht und mit den anderen Gefangenen beigesteckt.

Booth war dem Anscheine nach vor seinem Tode vernünftig, aber sprach auf's Gerathewohl und wiedersprach sich selbst, wie er immer gethan hatte und sagte: „Sagt meiner Mutter, daß ich für mein Land gestorben bin. Ihr Herrn habt mir meinen Spaß in Mexiko verdorben." Er schien seines nahen Todes gewahr zu sein, starb aber so leichtsinnig und verhärtet, als er gelebt hatte. Sein Körper wurde völlig identifizirt durch seine Anfangsbuchstaben auf seiner Hand in Indianer Dinte — durch seine Memorandum-Bücher und andere Papiere und durch seine persönliche Erkennung vor und nach dem Tode durch die Polizeibeamten, welche ihn kannten. Er hatte seinen Schnurrbart abrasirt, und trug seit den letzten vier oder fünf Tagen einen einförmigen Bart. Er trug ein graues wollenes Hemd; hatte schwarze Kasimirhosen an und einen Cavallerie- oder Theaterstiefel, welcher sich bis über's Knie zog, zur Zeit seiner Gefangennahme aber umgestülpt war. Am anderen Fuße hatte er einen alten Schuh. Sein Bein war auf der Bruchstelle verbunden. Harrold sagte, daß Booth einen dritten Revolver gehabt habe, der in der Scheune verbrannt sei. Booth wollte wissen, wo man ihn hinbringen würde, wenn er sich ergebe. Die Polizisten sagten ihm, daß er sich auf Gnade oder Ungnade ergeben müsse. Er soll Verwünschungen auf seine Verbündeten gehäuft haben, die ihm versprochen hätten, ihm beizustehen, aber ihn Alle verlassen hätten.

Booth wurde zum Hause des Herrn Garrett durch einen Rebellen-Capitän gebracht, welcher Herrn Garrett sagte, daß er ein Marylander sei, der versuche, nach Johnston's Armee zu kommen.

Verschiedene kleine Abtheilungen Rebellenreiterei sah man umherstreifen, welche versuchten ohne Zweifel seinen Rückzug zu decken.

Booth hatte $105 in Greenbacks, und mehrere Canadische Wechsel, datirt vom letzten Oktober. Sein Haar war in Unordnung, seine Kleider beschmutzt, und sein Körper ließ mehr wie der einen Schmutzträger, als der eines geputzten Geckes.

Harrold sagte, daß er außer dem Theater zu Pferde war, wartend für Booth's Herauskommen am Abende des Mordes — daß Booth irgend wie herauskam, an ihm vorüberging, ohne daß er ihn sah und daß er vier Meilen über die Anacosta Brücke gallopirte, ehe er Booth einholte. Er sagte, Booth verletzte sein Bein durch das Springen auf die Bühne und nicht durch einen Fall vom Pferde, daß sie ihren vorgehabten Weg wechselten und sogleich zum Hause des Dr. Mudd ritten, nahe bei Port Tobacko, um für sein Bein zu sorgen; aber sie versteckten sich dort für mehrere Tage — sahen die Späher vorbeigehen und zurückkehren, und kamen zuletzt über den Potomac, wo sie $300 für ein altes Flachboot bezahlten. Booth und Harrold entgingen einer nahen Gefangennahme an der Maryland Seite des Potomac. Marschall Murray und eine Anzahl New-Yorker Geheimpolizisten verfolgten sie bis zur Nähe von Swain Point; aber da der Marschall nicht mit dem Lande bekannt war und keinen Führer hatte, so schlug er in der Finsterheit der Nacht den falschen Weg ein, und ehe er die Spur wieder erhielt, waren Booth und Harrold schon über den Fluß nach Virginien.

Nach dem Tode Booth's wurde seine Leiche hinüber nach Belle Plain auf das Dampfboot Ides gebracht, welches auf die Gesellschaft wartete und sie nach Washington transportirte. Die zwei Garrett's, welche parolirte Soldaten von Lee's Armee und gerade nach Hause zurückgekehrt waren, wurden auch als Gefangene mitgebracht. Harrold und Booth's Leiche wurden am 27. April zu Washington auf einem Kanonenboote in Sicherheit gebracht, und die Garrett's in das alte Capitol eingesperrt.

Chirurg-General Barnes hielt am 27sten eine Leichenschau über Booth's Körper. Der kleinere Knochen seines linken Fußes war ganz verbrochen — eine der kleinen Adern zerrissen — und das Bein schlimm angeschwollen. Die Kugel drang in die linke Seite der oberen Section des Nackens und drang durch bis zur entgegengesetzten Seite.

Der Angriff an Sekretär Seward

Lewis Paine, welcher den Angriff auf das Leben des Sekretärs Seward machte, verschaffte sich Einlaß zu dessen Hause, indem er vorgab, er sei dort mit einem Rezepte hingeschickt worden. In der Nähe des Zimmers, wo Herr Seward lag, begegnete ihm Frederick W. Seward, welcher verlangte, wer er sei und was er wolle; Paine gab keine Antwort, sondern, indem er ihm einen Schlag mit dem Ende seiner Pistole und einen Stich mit seinem Messer versetzte, stürzte er in das Zimmer und brach sich durch zur Bettseite des Herrn Seward, der auf einem niedrigen Ruhebette mit dem Kopfe zur Rechten gewendet lag. Die Messerstiche empfing er in die Wangen und den Nacken. Der Aufwärter des Herrn Seward kam augenblicklich zu Hülfe, und der Angreifer, vielleicht denkend, daß das Werk vollbracht sei, wurde mit ihm handgemein. Während des Gemenges, welches mehrere Minuten dauerte, empfing der Krankenwärter mehrere heftige Wunden. Durch den Blutverlust sank er zu Boden und Paine versuchte, zu entkommen. Bei der Thür begegnete ihm August H. Seward, dem er mit dem Messer einen Stoß versetzte, ihm eine gefährliche Wunde beibringend. Seine Bemühungen, zu entfliehen, wurden noch mehr verzögert; aber es scheint, daß Verzweiflung ihm Muth gab, und Alle, die ihm auf dem Wege aus dem Hause begegneten, die scharfe Spitze seiner Klinge fühlten.

Nachdem Paine Herrn Seward's Haus verlassen hatte, ritt er mit aller möglichen Schnelligkeit zur Stadt hinaus. Nachdem er eine Strecke geritten war, stieg er ab, verkleidete sich so gut als möglich und kehrte zur Stadt zurück. Sich für einen Taglöhner ausgebend und mit einer Spitzhacke auf der Schulter, begab er sich zu der Wohnung der Frau Surratt. Es war jetzt beinahe Tageslicht und die Polizei hatte das Haus in Besitz genommen.

An die Thür klopfend, die durch einen Beamten geöffnet wurde, ließ man ihn herein, wurde aber überrascht und verlegen, als er sah, daß man ihn überwältigt hatte. Seine Antworten auf an ihn gestellte Fragen waren ohne Zusammenhang und befriedigten die Offiziere, daß er an den mörderischen Vorgängen der letzten Nacht Antheil habe.

Beschreibungen.

Payne.

Es ist gezeigt worden, daß Payne ein Genosse Booth's war, und derselbe, welcher mit der Absicht zu tödten Sekretär Seward, Frederick W. Seward, Augustus H. Seward, Emerick N. Hansell und Georg F. Robinson angriff. Die Vorfahren Payne's sind nicht bekannt und das erste, was man von ihm weiß, ist, daß er sein Erscheinen in der Wohnung der Mad. Surratt anfangs des letzten März machte, wenn er vorgab, daß sein Name Wood sei. Er fragte nach John H. Surratt und in dessen Abwesenheit nach Mad. Surratt. Er übernachtete dort, nahm seine Mahlzeiten in seinem Zimmer und ging am nächsten Tage wieder weg. Ungefähr zur selben Zeit nahm er in Gesellschaft O'Laughlin's ein Zimmer in einem Kosthause an der D Straße, wo Booth sie öfters besuchte. Hier hielten sich Payne und O'Laughlin ungefähr drei Wochen auf.

Nachher hielt sich Payne drei Tage bei Surratt auf, wo er mit John H. Surratt, Atzeroth und Booth geheime Berathschlagungen hielt. Bei seinem zweiten Besuche stellte sich Payne den Mitgliedern der Familie als ein Baptisten-Prediger vor. Man fand ihn und Surratt einmal im Schlafzimmer mit langen Dolchen spielend. In demselben Zimmer waren zwei Revolver und vier Paar Sporen, welche den Revolvern und Sporen, die man in Atzeroth's Zimmer im Kirkwood Hause fand, ähnlich waren.

Zu einer anderen Zeit, gerade vor der Ermordung, hatte er ein Zimmer zu Herndon inne.

Harrold.

Harrold ist ein junger Mann, kaum 25 Jahre alt, geboren in Washington, war früher Clerk in einer Apotheke jener Stadt, in den letzteren Monaten aber ohne irgend welche bekannte Mittel, sich zu unterstützen, obgleich er während der Zeit scheinbar mit Geld gut versehen war. Er besuchte häufig St. Mary's County, Maryland, immer seine Flinte mit sich nehmend. Am Abende der Ermordung sah man ihn mit Booth in einem Leihstalle, und der Beweisthum, welcher vor dem Gerichte erhalten wurde, zeigt ein Theilnehmer Booth's gewesen zu sein. Es ist bewiesen, daß er verschiedene Mal entdeckt wurde in geheimen Zusammenkünften mit Booth, Atzeroth und andern Verschwörern. Man fand ihn in Gesellschaft mit jenen in Mad. Surratt's Wohnung. Von Surratt und Atzeroth begleitet, sprachen sie im Wirthshause in Surrattsville an und ließen dort die Carabiner, die Ammunition u. s. w., welche am Ermordungsabende von ihm und Booth dort abgeholt wurden. Während ihrer Flucht bekannte er conföderirten Soldaten, daß er und Booth die Mörder des Präsidenten seien. Es herrscht kein Zweifel über seine Schuld, und wir vertrauen, daß er die Strafe für sein Verbrechen, als es die Commission beschließt, leiden wird.

Atzeroth.

Es ist bewiesen, daß Atzeroth so gut wie Harrold ein Mitverschwörer Booth's war. Er machte sein erstes Erscheinen in Mad. Surratt's Wohnung, anfangs Februar und wurde häufig in geheimer Verbindung mit Booth und dessen Genossen gefunden. Ihm war die Ermordung des Vicepräsidenten Johnson im Kirkwood-Hause angewiesen. Aber es scheint, daß er keinen Versuch machte, Zugang zu seinem auserlesenen Opfer am Abende des 14. April zu erlangen. Am Morgen jenes Tages nahm er ein Zimmer im Kirkwood-Hause, und man sah ihn dort am Mittage und ungefähr 6 Uhr Abends. Man spürte ihn dorthin zu Pferde, aber nach der Stunde war er dem Anscheine nach nicht mehr beim Hause. Er bewies sich falsch gegen seine Verbündeten. Er war aber die Nacht hindurch eifrig mit ihnen beschäftigt, und floh bei Anbruch des nächsten Tages; über seine Schuld erhebt sich kein Schatten des Zweifels.

Madame Surratt.

Es scheint, daß diese Werthe mit dem vorgehabten Verbrechen fast von dessen Ursprunge an bekannt war, und an allen folgenden Handlungen eifrig Theil nahm. Sie war eine allgemeine Verwalterin, und empfing und unterhielt in ihrem Hause alle die Verschworenen, Dr. Mudd, O'Laughlin und Arnold nur ausgenommen. Sie legte mit Dr. Mudd den Plan zur Unterstützung und Beistehung der Flucht der Mörder. Sie besuchte um fünf Uhr am Tage der Ermordung Mudd, zu sehen, daß Revolver u. s. w. in Bereitung ständen, denn man würde die nächste Nacht dieselben abholen. Booth sprach oft in ihrem Hause an, und hatte lange Unterredungen mit ihr. Er war am Nachmittag des 14ten noch mit ihr.

Dr. Mudd.

Dr. Mudd befindet sich mit den Vorgehenden in derselben Lage. Es ist bewiesen, daß er im letzten November Booth's Vertrauen besaß. Er hatte eine Zusammenkunft mit Booth und Surratt im National-Hotel im Januar. Er machte Booth dort mit Surratt bekannt. Booth besuchte ihn in seinem Zimmer im Pennsylvania-Hause. Wie die Mörder nach seinem Hause flohen, verband er Booth's Wunde und stand Booth und Harrold auf ihrer Flucht bei.

Als die Offiziere am Donnerstage nach der Ermordung in seinem Hause ansprachen, leugnete er, die Verbrecher zu kennen, und zur Zeit seiner Verhaftung am folgenden Freitage gebrauchte er Ausflüchte, bekannte aber zuletzt, daß er Booth kenne. Er sagte, er hörte die Ermordung zuerst am Sonntage, als es in der Kirche bekannt gemacht wäre; aber es ist bewiesen, daß er am vorhergehenden Samstage in Bryantown war, zur Zeit, als die Aufregung den höchsten Grad erreicht hatte, die Stadt durch Soldaten bewacht war, und jeder Mann, Frau und Kind, nicht nur von dem Morde gehört hatten, sondern auch den Namen des Thäters wußten. Man wird sehen, welche Strafe die Commission über ihn verhängen wird.

Spangler.

Dem Anscheine nach war Spangler nicht mit der Verschwörung zu einer früheren Periode bekannt, und wurde nur wenige Stunden vor der Vollbringung des Verbrechens in dieselbe hineingezogen. Wenn er gültig ist, besteht seine Theilnahme jedenfalls darin, daß er die Mittel zur Flucht bereitete, indem er den Gang zur Bühne offen hielt und die Thüre nach Booth's Vorbeischreiten schloß, dadurch die Bewegungen seiner Verfolger verzögernd. Er kannte das Vorhaben Booth's und versprach ihm einige Minuten vor dem Morde, ihm zu helfen.

O'Laughlin.

Es hat sich erwiesen, daß O'Laughlin in gewisser Hinsicht der Mitverschwörer Booth's ist. Er war beauftragt, General Grant zu ermorden, aber man weiß nicht, ob er es aus Mangel an Muth oder aus Abneigung verfehlte. Atzeroth bemerkte am nächsten Tage, als es berichtet wurde, daß General Grant erschossen sei, „daß es vielleicht möglich wäre, wenn ihm der Mann, der es mit ihm zu thun habe, nachgefolgt wäre.“

Man sagt, daß er sich am Freitag, dem Ermordungstage, von der Verschwörung zurückzog.

Arnold.

Es ist schon gezeigt, daß Arnold sich mit Booth stritt, und sich von der Verschwörung losmachte und nach Fortreß Monroe ging, wo er sich vor und zur Zeit der Ermordung aufhielt.

Das Leichenbegängniß

Am Morgen des 15. April um halb zehn Uhr wurde die Leiche des Präsidenten in einem Todtenwagen und in eine amerikanische Fahne gehüllt, von der Privatresidence, Ford's Theater gegenüber, nach dem Executiv-Gebäude gebracht. Sie war begleitet von einer kleinen Abtheilung Cavallerie. Gen. Augur und andere Militär-Offiziere folgten zu Fuße nach.

Eine dichte Masse Volkes folgte den Ueberresten zum weißen Hause, wo eine militärische Wache dieselbe abhielt, Niemand als Haushaltspersonen und persönliche Freunde des Präsidenten einlassend.

Flaggen über den Departements und durch die ganze Stadt waren halbmast aufgezogen. Geschäfte waren überall geschlossen, sowohl private als öffentliche. Unsere Bürger drapirten, ohne vorheriges Uebereinkommen, ihre Häuser mit Trauerguirlanden.

Die Glocken tönten schwer und bang; überall herrschte Niedergeschlagenheit und Schwermuth. Starke Männer weinten auf der Straße. Der Schmerz war tief und weitverbreitet und im seltsamen Gegensatze zu der Freude, welche sich über unsere kürzlichen militärischen Siege kundgegeben hatte. Jener Tag war gewiß ein Schreckenstag.

Der Leichnam wurde einbalsamirt, mit der Aussicht, ihn nach Illinois zu schicken, und in dem Zimmer, bekannt als das „Gastzimmer," ausgestellt, im nordwestlichen Flügel des weißen Hauses. Er war mit einem Anzuge schwarzer Kleider gekleidet, die er bei seiner letzten Inauguration getragen hatte. Das Gerüst, worauf die Leiche ruhete, stand im südlichen Theile des östlichen Zimmers, und war fast demjenigen gleich, welches bei dem Tode des Präsidenten Harrison gebraucht wurde.

Der Leichenzug zu Washington.

Am 18ten fand das Leichenbegängniß des letzten Präsidenten im Executiv-Gebäude auf eine imposante und feierliche Weise statt. Die Prozession war sehr groß, und in ihren Reihen sah man viele der ersten Bürger der Republik, sowohl in bürgerlicher, als militärischer und seemännischer Hinsicht, Präsident Johnson, General Grant, Vice-Admiral Farragut, die Mitglieder des Kabinets, Senatoren, Repräsentanten, Staats-Gouverneure und zahlreiche andere hervorragende Männer eingeschlossen. Die fremden Mächte waren auch durch ihre Gesandte vertreten. Der Prozessionsweg war von Tausenden von Zuschauern dicht besetzt. Nichts fiel vor, die Feierlichkeit dieses erhabenen Schauspieles zu stören.

Die Prozession bewegte sich um zwei Uhr Nachmittags vom Weißen Hause, und so groß war dessen Länge, daß, als der Anfang derselben schon die Stadt erreicht hatte, das Ende noch beim Willard's Hotel war, fast eine Meile lang.

Der militärische Theil der Prozession schwoll an durch verschiedene Bürgervereine von Washington und anderen Städten und durch eine große Anzahl von Staats-Delegationen. New-York, Pennsylvanien, Massachusetts, Connecticut, New-Hampshire, Ohio, Indiana, Illinois, Maryland, West-Virginien und verschiedene andere Staaten waren durch Delegationen stark vertreten.

Offiziere der Armee und der Flotte behaupteten einen hervorragenden Platz in der Prozession und trugen Flor am Arme und der Hand ihrer Säbel. Verschiedene farbige Vereine waren auch vertreten, welche eine Fahne mit der Inschrift trugen: „Wir beweinen unseren Verlust!“

Der Tod hatte in dem starren Gesichte der Leiche die Gemüthsart und

Eigenthümlichkeit des Lebens befestigt. Er hatte nicht eine Linie seines ernsten und seltsamen Ausdruckes gewechselt, noch einen Zug gemildert. Die Haut war wohl blutlos und bleich, aber er war immer blaß. Die dunkeln Augenbraunen schienen plötzlich gewölbt; der Bart, der nie mehr wachsen wird, war nahe abrasirt, der kleine Büschel am kurzen, kleinen Kinne ausgenommen. Der Mund war geschlossen, wie irgend Jemandens, der seinen Fuß fest aufsetzt, und so waren seine Augen, welche so sanft als Schlummer ließen. Der Kragen war kurz und ungeschickt über die steife elastische Cravatte umgeschlagen, und was immer Nachdruck oder Humor oder zarte Ernsthaftigkeit das Gesicht des Lebenden zeichnete, war in die starren Linien verhärtet.

Kein Leichnam auf der Welt war dem Aussehen nach besser zubereitet. Der weiße Atlas umher warf genug Licht auf das Gesicht, zu zeigen, daß Tod wirklich zugegen sei; aber dort waren süße Rosen und frühe Magnolias und die wohlriechendsten Lilien umhergestreut, als wenn die Blumen sogar auf dem Sarge angefangen hätten zu blühen. Es war kein Blut im Körper; es war an der Halsader abgezapft und sorgsam aufbewahrt, und durch einen Schnitt in die Lenden wurden die leeren Blutgefäße mit einer chemischen Flüssigkeit angefüllt, welches zu Stein verhärtete. Der lange und knochige Leichnam war hart und steif, so daß man ihn nicht mehr bewegen konnte, als die Arme oder Beine einer Statue. Er war einer großen Wechslung untergangen.

Nahe beim Leichname saßen die Verwandten des Verstorbenen, einfache, ehrliche und gehärtete Leute, so sehr die Sinnbilder der Einfachheit unserer Institutionen als auch der selbsterworbenen Höhe Herrn Lincoln's. Man konnte keine Blutverwandte des Herrn Lincoln finden. Es ist ein sonderbarer Beweis der Armheit seiner Abkunft, und deßwegen seines äußerst guten Rufes, daß Niemand außer seiner Familie gefunden werden konnte, der auf seinen Namen antwortete. Aber Mad. Lincoln's Verwandte waren in ziemlicher Stärke zugegen. Dr. Lyman, Beecher Todd, Gen. John B. S. Todd, C. M. Smith, Esq. und Herr N. W. Edwards, des letzten Präsidenten Schwiegerbruder. Einfache, selbst-gemachte Menschen waren dort und waren aufrichtig angegriffen.

Capt. Robert Lincoln saß während des Gottesdienstes stille weinend das Gesicht in's Taschentuch gehüllt, und der kleine Thad, dessen Gesicht roth und heiß war, weinte, als ob ihm das Herz brechen wolle. Mad. Lincoln, schwach, abgemattet und nervenkrank trat nicht in das Zimmer, noch folgte sie den Ueberresten. Sie war gestern das Weib der höchsten Magistratsperson, heute nur eine Wittwe, einen unsterblichen Namen tragend. Zwischen den Nachbarn des Präsidenten, welche weit her kamen, um seinen Ueberresten die letzte Ehre zu zollen, war auch ein alter Herr von Richmond. Er war auf dem Boote mit einigen Offizieren gewesen, die die Hinrichtung aller Rebellenführer befürworteten. Diesem widersetzte sich der alte Mann, und das Gefühl bekam so gegen ihn gespannt, daß er sich zurückziehen mußte. Er rieth an Gnade, guten Glauben und Vergebung. An dem Tage sahen ihn die Männer, welche ihn Verräther genannt hatten, zwischen den Trauernden der Familie, durch Schmerz niedergedrückt. Alle diese warteten in feierlicher Reihe aufrecht stehend, mit einem mehrere Fuß weitem Raume zwischen ihnen und dem Sarge, und da war kein Geräusch oder unanständige Neugierde.

Aber der erste Beitritt mit Macht war der der Geistlichkeit, sechzig an der Zahl. Sie waren fromm aussehende Männer, schwarz gekleidet, und kamen von den benachbarten Städten, alle Glaubenssecten vertretend. Fünf Jahre zurück stritten sie über Sklaverei als eine theologische Frage und am Anfange des Krieges war es ihnen in vielen Gemeinden hart, loyale Resolutionen durchzuführen. Dort waren aufrichtig Trauernde, wie Robert Pattison, von der Methodistischen Kirche, welcher einen großen Theil seines Lebens zwischen Sklaven zugebracht hatte. Er und der Rest waren zu dem Entschlusse gekommen, daß der Präsident weise und recht sei, und ihm zu seinem Grabe zu folgen, wie die Aposteln dem auf Golgatha Gekreuzigten. Alle diese zogen sich in das südliche Ende des Zimmers zurück, das Gesicht zu den Füßen der Leiche gewandt, und standen dort stille, wartend auf das Kommen anderer. Bald war das Ostzimmer durch den stellvertretenden Geist der ganzen Nation angefüllt.

Die Gouverneure der Staaten standen nächst zum Kopfe des Sarges, mit den verschiedenen Gesichtern von Curtin, Brough, Fenton, Stone, Oglesby und Ingraham. Hinter ihnen waren die Mayors und Stadträthe verschiedener Städte, ihre letzte Ehre dem Stellvertreter der Quelle der öffentlichen Freiheit zu bezeugen. Zu ihrer Linken standen die corporirten Offiziere von Washington.

Noch mehr die Stufen hinunter und näher am Leichengerüste, ruheten die männlichen Züge Augur's, dessen Blut auf dem Schlachtfelde geflossen war; die offene, fast bartlose Gestalt Hallecks, der oft mit dem sich dem Grabe zuwendenden häuslichen Herrn über Belagerungen und Feldzüge gesprochen hatte. Dort glänzten noch mehrere helle Sterne in nahen Schulterstreifen, aber vor allem saß auf dem blumigen Teppiche auf einem Stuhle Ulysses Grant, der in den vorhergehenden drei Wochen ein Jahrhundert erlebt hatte und gekommen war, den Glanz seines eisernen Antlitzes zu dieses schauerliche und verstimmte Bild hinzuzufügen. Er trug weiße Handschuh und Schärpe; er war dunkel und nervisch und weinte fast, seine Beine gekreuzt, seinen zurückgebogenen Kopf bald auf diese, bald auf jene Seite wendend, sein Dreigestirn nur auf der linken Schulter leuchtend, während das auf der rechten versteckt war, und man konnte in seinen gedrängten Gesichtszügen den festen und halsstarrigen Willen sehen, für sein Land durch irgend eine Gefahr zu fechten auf der Linie, welche er sich erwählt hatte, als ob er es bei dieses erschlagenen Mannes, seines Amtsgenossen, Patrons und Freundes Todtenbahre geschworen habe. Hier war auch der dünnbehaarte, kegelförmige Kopf Farragut's nahe bei Gen. Grant, mit vielen Seehelden nahe im Hintergrunde, sturmgewohnt und jeden Zoll Amerikaner sowohl im Herzen, als auch in Gestalt.

Aber näher unten und gerade dem Leichengerüste gegenüber, standen die Centralmächte unserer Regierung — deren Präsident und Rathgeber. Präsident Johnson, das Gesicht der Mitte des Sarges zugewendet, stand auf der untersten Stufe. Seine Hände waren über die Brust gekreuzt, seine schwarze Kleidung nur sein gefaltetes Hemd zeigend, und in seinem vollen, plethorischen, breiten und hart gedrängten rasirten Gesichte ruheten zwei vielsagende graue Augen unter einer gedankenvollen Stirne, deren übergekämmtes Haar strack und glatt war. Neben ihm war Vicepräsident Hamlin, dem er nachfolgte; dann Ex-Gouverneur King, sein innigster Freund, der dem herrschenden Ernste des Platzes eine halb „Falstaffische Episode" verlieh.

Das Cabinet kam dann, als wenn es für einen Daguerreotypisten arrangirt wäre. Stanton, kurz und quecksilberisch, mit seiner Brille, im wunderlichsten Gegensatze zu der hohen und schneebedeckten Gestalt des Herrn Welles. Praktisch und aufmerksam und zu seiner Seite war der Oberrichter Chase, hoch, geehrt und hübsch, mit untereinander geschlagenen Armen, horchend aber nicht beweisend, einen halben Fuß höher, als alle Zuschauer, und mit Charles Sumner, der nahe stand, den Vorzug um männliche Schönheit im Alter theilend. Mit Herrn Chase waren andere Richter des Supreme-Gerichtes, und zu ihrer Linken, nahe den Füßen der Leiche, waren die verehrten Senatoren, die ältesten und neuesten Staaten vertretend — prachtvolle Gesichter, ein bischen abgenommen durch frühere oder spätere Mühseligkeiten, begränzt durch die hohen klassischen Gesichtszüge Col. Forney's. Darüber hinaus waren die Repräsentanten und leitenden Beamten der verschiedenen Departements mit einigen seltsamen Gesichtern, wie George, Francis Train's, genau als immer, und für dieses Mal nur nichts zu sagen habend; — kein Flüstern — kein Fußfall — die versammelte Nation schauete nur mit ergriffenen Herzen auf den hohen Todten.

Um 10 Minuten nach 12 Uhr näherte sich Rev. Dr. Gurley unter der tiefsten Stille dem Kopfende des Leichengerüstes und kündigte die Verordnungen des Gottesdienstes an, wenn Dr. Hall, Episcopalist, anfing, einen Theil aus der hl. Schrift zu lesen, nach dem Ritus jener Kirche.

Das Eröffnungs-Gebet.

Das Eröffnungs-Gebet wurde durch Bischof Simpson, Bischöflich-Methodist gesprochen, welcher im Laufe desselben sagte, daß die Entscheidung über Leben und Tod in der Hand Gottes sei. Unsere Sünden hätten seinen Zorn über uns sowohl einzeln, als in Gemeinschaft hervor gerufen. Um unsers hl. Erlösers willen sei Vergebung für alle unsere Vergehen gefordert, und daß alle unsere Ungerechtigkeiten möchten weggewischt werden, während wir uns beugen unter diesem tiefen Verluste, welcher eine weitverbreitete Niedergeschlagenheit nicht allein in diesem Zirkel, sondern über das ganze Land verursacht habe; eine Anrufung wurde gemacht, daß sich Alle Gottes heiligen Willen unterwerfen möchten.

„Dank wurde gesagt für das Geschenk eines solchen Mannes, als unser himmlischer Vater gerade von uns weg nahm, und für die vielen Tugenden, welche alle seine Handlungen auszeichneten; für die Rechtschaffenheit, Aufrichtigkeit und Durchsichtigkeit des ihm verliehenen Charakters und daß er ihm Rathgeber gegeben habe, unsere Nation durch Perioden unbegrenzten Kummers zu leiten. Er war erlaubt, zu leben, die Wolken, welche unsern nationalen Himmel überhingen, brechen, um die Entwaffnung der Rebellion zu sehen. Auf den Berg gehend sah er das versprochene Land, mit dessen Schönheit und Glückseligkeit, das glorreiche Verhängniß, welches uns als einer Nation aufbewahrt war. Dank wurde auch gesagt, daß sein Arm gestärkt und Weisheit und Festigkeit seinem Herzen gegeben wurde, die Emancipations-Erklärung der Feder zu entziehen, durch welche die Ketten von Millionen der menschlichen Race gelöst wurden. Gott sei gedankt, daß der Mörder, der unsere höchste Magistrats-Person niederschlug, nicht die Hand hatte, um die Leidenden und Unterdrückten wieder zu binden. Der Name des geliebten Todten wird immer wieder mit allem, was groß und glorreich mit der Menschheit auf Erden ist, in Einbegriff gebracht werden. Gott gebe, daß Alle, welche mit der Leitung der öffentlichen Angelegenheiten betraut hier stehen, mögen Macht,

Stärke und Weisheit besitzen, um das Werk zu vollenden, welches sein Diener so glorreich anfing; und möge der Nachfolger des abgeschiedenen Präsidenten das Schwert nicht vergeblich tragen. Gott gebe, daß ihm und unserm Militär Stärke gegeben werde, den Sieg vollständig zu machen und den Streit zu beschließen, welcher seinem Ende so nahe ist. Möge der Geist der Rebellion bald verschwinden. Möge der letzte Fußtapfen der Sklaverei, welcher die Rebellion in's Leben rief, von unserm Lande vertilgt werde. Gott gebe, daß die Sonne auf ein freies Volk scheine vom Atlantischen zum Pacifischen Ocean, von den See'n bis zum Golf von Mexiko. Möge er uns nicht nur allein glücklich durch den Kampf führen, sondern uns auch Frieden schenken mit allen Nationen der Erde. Möge er uns nicht allein sicher durch diesen Kampf führen, sondern uns auch Frieden mit Allen der Erde schenken; uns ein Herz, daß wir gerecht mit ihnen handeln, und ihnen ein Herz, um mit uns recht zu verfahren, damit universaler Frieden auf Erden herrschen möge. Wir erheben unsere Herzen zu Dir, damit Dein Segen, o Herr! auf die Familie des Dahingeschiedenen sich niederlassen möge. Gott segne die schluchzende Wittwe in ihrem gebrochenen Herzen; sie beugt sich unter einem Streiche, mehr als sie tragen kann. Gott sei gnädiglich mit seinen zurückgelassenen Kindern! Erfülle seine Söhne mit Weisheit, und von der Höhe Deines Segens wende Alles zu ihrem Nutzen. Möchten sie das patriotische Beispiel und die Tugenden ihres Vaters schätzen lernen und seinen Fußtapfen folgen. Wir bitten Dich, sagte der Bischof, mache diesen Mord zum persönlichen Nutzen für unsere Herzen, während wir bei den Ueberresten des Verstorbenen, den wir unseren Freund nannten, verbleiben. Wir bitten Dich, daß unsere Republik durch diesen Schlag stärker werde, auf daß wir und unsere Kinder der gesegneten Vortheile einer von unsern Vätern gestifteten Regierung theilhaftig werde." Er beschloß, indem er das Gebet des Herrn wiederholte.

Dr. Gurley's Predigt.

Der Rev. Dr. Gurley, Presbyterianer, und des Präsidenten eigener Pastor, hielt dann eine Anrede, nahe beim Kopfe des Sarges stehend. Er fing an, indem er sagte, daß wir die Oberherrschaft des allmächtigen Gottes anerkennen und anbeten. Sein Thron ist im Himmel und sein Königreich herrscht über Alle. Es war eine grausame Hand, die Hand des Meuchlers, welche unsern geehrten, weisen und edlen Präsidenten darniederwarf und unser Land mit Trauer anfüllte. Aber über diese Hand schwebt eine andere, die wir sehen und erkennen müssen. Es ist die strafende Hand eines weisen und getreuen Gottes. Er reichte uns den bittern Kelch. Wir fügen uns dem Befehle und trinken den Trank. Diese Züchtigung kommt auf einem schweren und tief geheimnißvollem Wege, nur daß die Rebellion sich fortzieht. Dieser Vorfall hat einen Mann niedergeschlagen, auf welchen das Volk gelernt hatte sich zu verlassen, und auf welchen, mehr als irgend einen Andern, es seine Hoffnungen gesetzt hatte zur Wiederherstellung der Union und der Rückkehr der Harmonie. In der Mitte unserer Freude hatten wir diesen Streich nöthig, diese Belehrung und deßwegen schickte sie Gott. Unsere Trübsal ist nicht aus dem Staube oder dem Boden hervorgekommen. Jenseits der Mordthat laßt uns auf Gott schauen, dessen Vorrecht es ist, aus Nacht Licht und aus Bösem Gutes zu schaffen. Er, der uns so gut leitete während der vier letzten Jahre des Elendes und Streites, wird uns auch jetzt nicht verlassen. Er mag uns züchtigen, aber er wird uns nicht verderben. Laßt uns jetzt besorgt sein, daß dieses Leiden ein geheiligtes Leiden sei, und uns vermöge Alles, was wir haben, der Wahrheit, Gerechtigkeit, dem Gesetze, der guten Ordnung, der Freiheit und einer guten Regierung zu schenken, und einer heiligen und unbefleckten Religion. So mag Weinen die Nacht hindurch sein, aber die Freude kommt am Morgen. Danket Gott, daß trotz der einstweiligen Dunkelheit der Morgen zu tagen beginnt, der Morgen eines helleren Tages, als unser Land je gesehen hat. Der Tag wird kommen und der Tod von hundert Präsidenten und Cabinetten kann es nicht verhindern. Das Volk vertrauete auf den letzten beweinten Präsidenten mit einem festen und liebenden Willen, dessen kein Mann seit den Tagen Washingtons sich erfreut hat. Er verdiente es durch seine Gemüthsart, seine Handlungen und den Geist seines Lebens. Er war weise, einfach, aufrichtig, schlicht, vertrauensvoll und gerecht, wohlthätig und voll Liebe gegen Jedermann. Sein Begriff war rasch und klar, sein Verstand ruhig und genau, und sein Vorhaben gut und reine. Seine Rechtschaffenheit beherrschte Alles und war unbestechlich. Er wendete allen Dingen seine Achtung zu, ob sie groß oder klein waren. Wie fest er immer seine Stellung behauptete und den Forderungen derselben in Zeiten harter Prüfung und Beschwerden begegnete, ist uns Allen bekannt, sowohl dem Lande, als der ganzen Welt. Er sah seine Pflicht als erster Magistrat eines großen und in Gefahr stehenden Volkes, und er lehnte sich auf den Arm Deßjenigen, welcher die Kraft des Schwachen stärkt.

Am Ende seiner Anrede sagte Dr. Gurley: „Ich spreche, was ich weiß und bezeuge, was ich ihn öfters habe sagen hören, wenn ich behaupte, daß Gottes Leitung und Gnade die Stütze waren, auf welche er sich bescheiden lehnte; daß sie die beste Hoffnung für ihn und sein Land seien. Als er seine Heimath in Illinois verließ und zu dieser Stadt kam, um seinen Sitz in dem Präsidentenstuhle einer beunruhigten und getrübten Nation zu nehmen, sagte er zu seinen alten Freunden, welche thränenvoll um ihn herumkamen und ihm „Lebewohl" sagten: „Ich verlasse Euch mit einer Bitte: Betet für mich!" Und sie beteten und noch Millionen thaten es und auch nicht vergeblich. Das Gebet wurde erhört; die Antwort erscheint in der ganzen ihm folgenden Geschichte. Sie erscheint mit himmlischem Glanze in dem ganzen Laufe und Haltung seiner Regierung, von dessen Anfang bis zu Ende. Gott erhob ihn zu einer hohen und glorreichen Sendung, machte ihn zur Arbeit träglich und half ihm in deren Vollendung. Es war nicht allein durch Willenskraft und Herzensrechtschaffenheit, durch Reinheit und Beharrlichkeit des Vorhabens, daß er ihn tauglich machte. Zu diesen

Dingen hinzu gab er ihm ein ruhiges und festes Vertrauen auf die Alles beherrschende Vorsehung Gottes, und den endlichen Triumph der Wahrheit und Gerechtigkeit. Durch Gottes Macht und Segen stärkte ihn dieses Vertrauen in allen Stunden der Angst und Trübsale, wenn Andere sich tiefer Niedergeschlagenheit und Trauer hingaben. Nie werde ich den Nachdruck und tiefe Bewegung vergessen, mit welcher er zu einer Gesellschaft Geistlicher und Anderer sprach, die gekommen waren, ihm in den dunkelsten Tagen unseres Bürgerkrieges ihre Ehrenbezeugungen zu zollen: „Meine Herrn! Meine Hoffnung auf Erfolg in diesem großen und schrecklichen Streite ruhet auf jenem unerschütterlichen Fundamente — der Gerechtigkeit und Güte Gottes; und wenn große Ereignisse drohen und die Aussicht dunkel wie Nacht ist, hoffe ich doch noch, daß auf eine besondere Weise, welche der Mensch nicht sehen kann, Alles am Ende gut sein wird, weil unsere Sache eine rechte und Gott auf unserer Seite ist."

Dieses war sein hoher und heiliger Glaube, und es war ihm ein sicherer und haltbarer Anker. Es erfüllte ihn mit Muth auf dem Pfade seiner Pflichten, wie schroff und gefahrvoll er auch sein mochte. Es machte ihn tapfer für das Gesetz, für die Sache Gottes und der Menschheit. Wir liebten ihn aus vielen Gründen. Wir bewunderten seine kindliche Einfachheit, sein Freisein von Arglist und Betrug, seine feste und wahre Unbescholtenheit, seine wohlwollende und zum Verzeihen geneigte Natur, seinen Fleiß und Geduld, seine beharrliche und selbstopfernde Hingebung zu den Pflichten seiner hohen Stellung, seine Bereitwilligkeit, der Sache der Armen und Niedrigen, der Leidenden und Bedrückten sein Ohr zu schenken; seine wunderbare Fertigkeit, um Streitigkeiten zwischen den Freunden der Union zu beseitigen und sie zu bewegen, zusammen und in guter Harmonie für das allgemeine Wohl zu arbeiten.

Aber höher als alles dieses, heiliger und einflußreicher, schöner und stärker war sein unwankelmüthiges Vertrauen auf Gott und den endlichen Sieg der Wahrheit und des Rechts durch ihn und seinetwegen. Dieses war seine edelste Tugend, sein größter Grundsatz, das Geheimniß seiner

Stärke, Geduld und Erfolges. Ja, durch sein immerwährendes Vertrauen in Gott und den endlichen vollständigen Sieg der Sache Gottes, welches die Sache der Menschheit ist, spricht er jetzt noch mehr zu uns und der Nation, die er liebte und der er sich gut diente, als durch irgend etwas Andres. Durch dieses spricht er zu seinem Nachfolger im Amte, und fordert ihn auf, auf Gott zu vertrauen; durch dasselbe spricht er auch zu den Mitgliedern des Cabinets, den Männern, welche er so oft um Rath fragte und mit welchen er so lange Umgang hatte, und heißt sie, Glauben in Gott zu haben; durch dasselbe spricht er zu allen, welche hohe Stellen in diesen traurigen und beschwerlichen Zeiten inne haben, diesselben auffordernd, auf Gott zu hoffen; hierdurch spricht er zu diesem großen Volke, wie es heute mit Asche bestreut da sitzt und bitterlich weint, jeden Trost zurückweisend, dasselbe auffordernd, in Gott Vertrauen zu setzen. Und so wird er hierdurch zu allen Zeiten sprechen, und allen Befehlshabern und Volke jedes Landes zurufen: „Haltet fest an der Freiheit und dem Rechte; fechtet für dieselbe; blutet für sie und wenn es nöthig ist, opfert Euer Leben dafür und vertraut auf Gott.“ O! daß die Stimme seines Zeugnisses heute und jeden Tag in unsere Herzen sich niederlassen möchte und dort den rechten Einfluß auf unsere Gefühle, unsern Glauben, Geduld und unsere Liebe zu jener Sache ausübe, welche uns jetzt theurer als je vorher ist, weil sie durch das Blut ihres ersten Vertheidigers, ihres weisesten und liebsten Freundes geheiligt wurde. Er ist todt, aber der Gott, auf welchen er vertraute, lebt und er kann seinen Nachfolger führen und stärken, wie er an ihm gethan hat. Er ist todt, aber die Erinnerungen an seine Tugenden, seine weisen und patriotischen Rathschläge und sein vollbrachtes Werk ist theuer und wird Kraft für das Gute sein, bis zum Ende der Zeiten. Die durch seinen Tod verursachte Niedergeschlagenheit und Gottes Vorsehung sagen uns, obgleich die Freunde der Freiheit sterben müssen, daß Freiheit selbst unsterblich ist. Es ist kein Mörder stark genug und keine Waffe tödtlich genung, das unauslöschliche Leben derselben zu nehmen, oder dem Andrange derselben zur Eroberung der Welt im Wege zu stehen.

Dieses ist unser Glaube und unser Trost bei der heutigen Zusammenkunft und Trauer. Obgleich unser geliebter Präsident erschlagen, ist doch unser Land gerettet. Thränen des Dankes mischen sich mit denen der Trauer, während die Sonne eines heiteren und glücklicheren Tages über unser getroffenes Land aufgeht. Gott sei Dank, daß unser gefallener Führer lange genug lebte, diesen Tag anbrechen und den Morgenstern der Freude und des Friedens über unsere Nation aufgehen zu sehen. Er sah es und freute sich. Wenn die Sonne in ihrer vollen Größe und Glorie aufgegangen ist und ein glückliches wiedervereintes Volk sich ihres Lichtes erfreuet, wird sie auch auf sein Grab scheinen, aber das Grab ist ein theurer und geheiligter Flecken. Die Freunde der Freiheit und Union werden sich in zukünftigen Jahren zu ihm wenden, um das Gedächtniß des edeln Beerdigten zurückzurufen und von seiner Asche und von der Wiederholung seiner Tugenden und Thaten frische Antriebe zur Vaterlandsliebe zu sammeln und die Gelübde der Treue zu Gott und dem Vaterlande zu erneuern."

Das Schlußgebet von Dr. Grey, Baptist, war wohlklingend und durchdringend. Er schloß mit folgenden Worten:

„Gott der Bedrängten! Stehe dieser trauernden Familie bei und tröste sie. Segne unser neues Oberhaupt. Laß den Mantel seines Vorgängers auf ihn fallen. Segne den Staatssekretär und seine Familie. O, Gott, wenn möglich nach Deinem Willen, erhalte ihr Leben, damit sie dem Lande noch große Dienste leisten! Segne alle die Mitglieder des Cabinets. Erfülle sie von oben mit Weisheit. Segne die Anführer in unserer Armee und Flotte, und alle tapfern Vertheidiger des Landes. Gib ihnen fortwährenden Erfolg. Segne die Gesandten fremder Höfe und gib uns Friede mit den Nationen der Erde. O, Gott! daß Verrath, welcher unser Land verheerte und es mit Blut überschwemmte, unsere

Heimstätten bedrängte und sie mit Wittwen und Waisen anfüllte und zuletzt in der Ermordung des von der Nation zum Oberhaupte Erwählten seinen Höhepunkt erreichte — Gott der Gerechtigkeit und der Rächer des an der Nation verübten Unrechtes, laß das Werk des Verraths zu Ende gehen und laß die schuldigen Vollbringer dieses gräulichen Verbrechens verhaftet und Gerechtigkeit an ihnen ausgeübt werden. O, höre das Schreien und Gebet, welches aus dem gedrückten und niedergeworfenen Herzen der Nation aufsteigt und befreie uns von der Macht unserer Feinde und schicke einen baldigen Frieden in unsere Grenzen durch Jesum, unsern Herrn! Amen!"

Die Leiche wurde dann in den Todtenwagen gebracht, welcher vor dem Executive Gebäude stand, und um zwei Uhr formirte sich die Procession. Sie streckte sich die Pensylvania Avenue entlang. Die Straße wurde von allen Hindernissen rein gehalten; aber die Seitenwege waren vom Weißen Hause bis zum Capitol einer Entfernung von anderthalb Meilen, mit Volk überfüllt. Die Dächer, Porticos und Feuster waren alle mit Zuschauern angefüllt. Als die Procession sich in Bewegung setzte, wurden bei der St. Johannes Kirche, der Stadt-Halle und dem Capitol Minutenschüsse abgefeuert. Die Glocken aller Kirchen und der verschiedenen Spritzenhäuser ließen ihren einförmigen Klang weit über die Stadt hinaus tönen. Den Anfang der Procession bildete eine Abtheilung farbiger Truppen; dann folgten weiße Regimenter Infanterie und Abtheilungen von Artillerie, Cavallerie und Seesoldaten, See- und Armeeofficiere zu Fuß; zunächst die Leichenträger in Fuhrwerken; dann der Leichenwagen, gezogen von sechs weißen Pferden, der Sarg hervorragend, um von Jedem gesehen zu werden. Der Boden, worauf er ruhete war mit Immergrün bestreut und der Sarg mit weißen Blumen bedeckt. Dann folgte der Präsident und sein Cabinet, das diplomatische Corps, Mitglieder des Congresses, Staatsgouverneure, die Delegationen von verschiedenen Staaten, Feuer-Compagnien, die Schreiber der verschiedenen Departements und Andere alle in Processionsordnung, mit vielen öffentlichen und privat Chaisen; schließend mit einer großen Anzahl farbiger Männer.

Die nächsten Verwandten der Familie des letzten Präsidenten waren namentlich: Capt. Robert nnd Thaddeus Lincoln, seine zwei Söhne; N. W. Edwards und C. M. Smith von Springfield, Schwiegerbruder des letzten Präsidenten und Doctor Lyman B. Todd von Lexington, Kentucky, und General und J. B. Todd von Dakota, Vetern der Mrs. Lincoln.

Mrs. Lincoln war beim Leichenzuge nicht anwesend. Man sagt, daß sie die Leiche ihres Gemahls nicht einmal seit dem Morgen nach seinem Tode gesehen habe.

Nachdem die Ueberreste des Präsidenten in der Rotunda des Capitols auf das Leichengerüst gestellt waren, blieb General-Major Meigs, Quartiermeister-General zurück, bis die Ehrengarde, welche für die Nacht des 19. und den 20. bestimmt war, ihn ablöste. Die Wache bestand aus folgenden Armee-Officieren:

Brigade-General John P. Slough.

Brevet Brigade-General William Gamble, im Commando der ersten besondern Brigade, 22. Armeecorps, Fairfax Courthaus.

Capt. R. C. Gale, A. A. G.

Dr. F. W. Mead.

Dr. Hard.

Capt. H. C. Wickersham, R. G. A.

Capt. H. Lawrence, A. Qu. M.

Capt. Brown, A. A. G.

Lieutenant Gamble, A. D. C.

Lieutenant Pearson, A. D. C.

Lieutenant Moore, A. D. C.

Flottenofficiere.

Lieut. Command. Edward E. Stone, Monitor Montauck.

Lieut. Command. A. Ward Weaver, Monitor Mahopac.

Lieutenant N. H. Farquhar.

Lieutenant A. R. McNair.

Lieutenant B. F. Day.

Lieutenant E. M. Shepard.

Eine Abtheilung des 24. Veteranen Reserve Regiments stand Wache am Eingange der Rotunda und an den Thüren des Capitols.

Sobald als die Thüren am Morgen des 20. aufgeworfen wurden, begann die Masse der Besucher voranzudrängen. Alle mußten am östlichen Eingange eintreten, und in zwei Reihen an jeder Seite des Leichengerüstes vorübergehend, mußten sie sich der westlichen Thüre zuwenden. Niemand wurde erlaubt zu zögern. Um ungefähr 10 Uhr hielt ein heftiger Regen die Volksmasse theilsweise im Schach; aber des Regens ungeachtet, kam die lange unendliche Procession vorwärts gepreßt, ungefähr dreitausend Personen während einer Stunde.

Die ganze Polizeimacht, unter der Anführung von Capt. Newman, gekleidet in Traueranzüge, hielt Ordnung aufrecht und ordnete höflich, aber in niedriger Stimme und lautlosen Tritten die Bewegungen der Volksmasse.

Die Rotunda, die nur durch eine Art Zwielicht erhellt war, ruhete in feierlicher Stille, nur zuweilen gestört durch das Rauschen der Kleider der weiblichen Trauernden, und auch wohl durch einen Seufzer derjenigen, welche am Sarge vorbeigingen.

Die Leiche des Präsidenten auf ihrem Wege von Washington nach Springfield.

Am Freitag Morgen um 6 Uhr am 21. April versammelten sich die Mitglieder des Cabinets und verschiedene andere hohe Personen, um dem letzten Präsidenten ihre letzte Ehre zu bezeugen. Der Rev. Dr. Gurley

Gefangennahme und Booth's Tod.

opferte ein heißes Gebet auf und um 7 Uhr 40 Minuten wurde der Leichnam in den Todtenwagen gelegt; Gen. Grant und Stab und Major French folgten ihm zum Bahnhofe. Dann kam das Cabinet, bestehend aus den Sekretären Stanton, Welles, Usher und General-Postmeister Dennison und General-Anwalt Speed. Die Kutsche des Präsidenten Johnson folgte der des General-Lieutenants Grant. Nachdem man am Bahnhofe angekommen war, wurde der Sarg in den dazu bestimmten Eisenbahnwagen gestellt. Genau um 8 Uhr verließ der Zug den Bahnhof, während alle Umstehenden ihre Köpfe entblößten bis er außer Sicht war. Die Asche des kleinen Willie Lincoln, welcher in Washington im Februar 1863 starb, begleitete die seines Vaters.

Baltimore.

Der Leichenzug erreichte die Camden Station der Baltimore und Ohio Eisenbahn um 10 Uhr. Unter dem Trauergeläute der Glocken nnd dem Feuern der Kanonen war eine Procession aus Militär und Bürgergesellschaften gebildet unter dem Commando des Brigade-Generals Lockwood; Profost-Marschall Oberst Woolley agirte als Groß-Marschall. Die Marschlinie zog sich nach der Exchange hin, wo die Leiche in der Rotunda in Staat ausgestellt wurde. Das Leichengerüst war reichlich mit Flor behangen und mit silbernen Sternen geschmückt. Ueber 10,000 Personen sahen den Körper und doppelt der Zahl wurde dieses Privilegium verweigert; dann sobald als es 2 Uhr Nachmittags war, wurde der Sarg geschlossen und die Ueberreste von dem Militär nach dem Bahnhofe der Nördlichen Central Eisenbahn eskortirt. Wenige Minuten nach 3 Uhr war der Trauerzug auf seinem Wege nach Harrisburg, Pa.

Als man um 5½ Uhr die Staatsgrenze erreichte, fand man, daß Gouverneur Curtin, begleitet von seinem Stabe, in einem Specialzuge von Harrisburg angekommen war. Das Grüßen der Gouverneure von Pennsylvanien und Maryland war äußerst herzlich. An verschiedenen Plätzen des Weges war das nationale Banner halbmast aufgezogen und mit schwarzem Flor umwunden. Ueberall sah man dieselbe Feierlichkeit in Gesichtern und alle schienen trauernde Zuschauer des Leichenzuges zu sein. Zu York baten die Damen um die Erlaubniß, einen Blumenkranz auf den Sarg zu legen. Die Hand der innigsten Theilnahme hätte keinen besseren Tribut dem Abgeschiedenen weihen können.

Harrisburg.

Man erreichte Harrisburg um 8½ Uhr Freitag Abend. Es regnete tüchtig, aber dessenungeachtet waren die Straßen mit Menschen angefüllt. Eine große militärische Eskorte begleitete die Asche des Präsidenten zum Staatshause unter dem Summen der Trauerschüsse, wo der Leichnam bis spät in die Nacht offen stand.

Der Zug begab sich um 11 Uhr Samstag Morgen nach Philadelphia. Tausende von Personen waren betrübte Zuschauer dieser Abreise. Die patriotischen Töchter legten einen Blumenkranz auf den Sarg des Präsidenten. Die Wägen fuhren in rascher Reihenfolge an Landhäusern und kleinen Dörfern vorbei, jeder Bewohner den Zug vorbeiziehen sehend. Schlachtfahnen flatterten überall, Banner waren halbmast aufgezogen und alle Häuser waren schwarz decorirt. Alle erhöhten Punkte, Balkone, Fenster und Dächer waren mit Personen beiderlei Geschlechtes angefüllt, jedes Gesicht erscheinend als die Abbildung eines traurigen Herzens.

Philadelphia.

Der Zug erreichte die Broad-Street-Station gerade um halb fünf Uhr, am Samstag Nachmittag, oder zwei Stunden früher als ursprünglich bestimmt war, damit man mehr Tageslicht für die Feierlichkeit haben konnte. Das Militär sowohl weiß als schwarz nahm sich sehr gut aus. Die Stadttruppen agirten als Leibwache. In der Prozession waren der Mayor, die

Stadträthe und andere Municipal-Behörden, föderale Officiere, sowohl von der Armee als der Flotte, Mitglieder der Gesetzgebung, des Congresses, die Gesandten der fremden Höfe und zahlreiche andere bemerkenswerthe Personen. Die Feuerleute und jeder Verein und Gesellschaft waren wohl vertreten, besonders die Tempelritter, Odd-Fellows und die Fenian Bruderschaft. Dem Glockengeläute der Marienkirche (römisch-katholisch) antworteten die Glocken der St. Peter's und Christus Kirche (Episcopalisch). Es nahm der Procession eine Stnnde und eine halbe um die angegebenen Straßen zu durchziehen, und nachdem das „Alte Staatshaus" erreicht war, nahm man die Leiche in die Unabhängigkeits-Halle, und wurde bei der Glocke niedergesetzt, welche die Annahme der Unabhängigkeits-Erklärung zuerst angekündet hatte. Die Halle war auf eine solche Weise geschmückt, als es dem Ereignisse am besten bekam, alles in die tiefste Feierlichkeit versetzend. Die Häuser waren alle mit Flor behangen, und der Scharfsinn erschöpft, um durch alles Aeußere auf die beste Weise die innere Trauer zu beweisen. Die Leiche des Präsidenten wurde während der Nacht durch tausende auf Einladungskarten besucht.

Schon vor Anbruch des Tages wurden östlich und westlich von der Unabhängigkeits-Halle Linien gebildet, welche sich über zwei Treppen durch die Fenster der Vorderseite hindurch zur Hinterseite des Hauses auf den offenen Platz zogen. Um 10 Uhr erreichten diese Linien eine Länge von über drei Meilen, vom Delaware zum Schuylkill Flusse; Tausende schon drei Stunden vorher wartend, ehe sie dazu kamen, die Ueberreste zu sehen. Große Zahlen von Frauen standen in der Reihe, und trotz der Beschwerden des langsamen Voranschreitens erreichten sie ihren Zweck. Viele, nur nachgebend, wenn sie ohnmächtig wurden, wurden von ihren Freunden fortgetragen. Die Scenen in der Halle waren äußerst feierlich, und nicht wenige Personen wurden zu Thränen gerührt. Es war schon spät nach Mitternacht als der Sargdeckel auf seine Stelle gelegt wurde, und das Gesicht des theuren Todten für die betroffenen Bürger Philadelphias für immer geschlossen blieb. Sie hatten Alles mögliche gethan, um ihm ihre letzte Ehre zu erweisen. Das Gesicht eines Menschen bespricht am besten die Trauer des Herzens. Das gute Gefühl der Bürger Philadelphias war auch gezeigt durch den Traueranzug, den ihre Wohn- und Geschäftshäuser angenommen hatten. Die Damen trugen Trauerzeichen an ihrer linken Schulter, und dieses war so allgemein, daß es oft nicht bemerkt wurde. Der Leichenzug verließ Montag Morgen um 4 Uhr die Stadt nach New-York.

Jersey City.

Um 10 Uhr am Montag, sah man die Volksmasse, welche sich vor die Thüren des Bahnhofes gestellt hatte, sich zur Seite bewegen, und gleich nachher fuhr der Zug langsam auf den Bahnhof. Er bestand aus neun hübschen Karren. Der Wagen, welcher den Sarg enthielt, war groß und geräumig, schwarz getafelt; der obere Theil war mit schwarzem Marino behangen, der mit Silbercorde unterbunden war, mit herunterhängenden Silberquasten, das ganze überschattet durch eine feierliche Reihe schwarzer Federn. Alle Köpfe waren entblößt, als der Zug sich in den Bahnhof bewegte und eine tiefe Stille herrschte unter der Volksmenge. Während der Zug ankam, und für einige längere Augenblicke, während die Ueberreste aus dem Wagen genommen wurden, stimmten die deutschen Sänger ihr hohes und feierliches Requiem für die Todten an, bis daß das gewölbte Dach dieses großen Gebäudes von den eindrucksvollen Tönen wiederhallten. Während den Zwischenpausen verhielten sich die Menschenmassen in den Gallerieen ganz stille, und nur dieser große Gesang stieg und fiel, wuchs zur vollen Größe und fiel wieder tief hinab, zwischen dieser Menschenmasse schwankend als das Wehklagen einer trauernden Welt.

Der Sarg wurde langsam und sorgfältig aus dem Wagen genommen und auf die starken Schultern der Garde gelegt, welche denselben von Washington begleitet hatte, bestehend aus einer Abtheilung des Veteranen Reservecorps. Die Prozession formirte sich dann und bewegte sich vorwärts dem Boote zu.

Als die einen eindrucksvollen Anblick gewährende Prozession durch den gedrängt vollen Bahnhof zog, in die noch mehr mit Leuten angefüllte Straße, und dann wieder zum Bahnhof, herrschte eine tiefe Stille überall. Alle Hausdächer und die Eisenbahnwagen, die im Bahnhofe standen, waren Alle zum Ersticken mit Menschen angefüllt. Die Menschenmasse in den Straßen war ungeheuer und dieselbe tiefe Stille, dieselbe athmenlose Ruhe herrschte überall. Nicht die geringste Erscheinung in dieser Menschenmenge machte der Neger, deren eine große Anzahl zugegen war. Auf ihren dunkeln Gesichtern konnte man die Züge des Schmerzes erkennen, welche mehr vom Instinkte als Verstande entsprungen waren, eine tiefe Ehrerbietung, welche werth war des Studiums eines in Charakter-Erkenntnissen gewandten Schülers

Der Leichenwagen war sehr schön; das Gehäuse von Glas schwarz eingelegt und mit silbernen Knöpfen besetzt, mit vier schwarzen winkenden Federbüschen auf jeder Seite. Er wurde von sechs grauen Pferden gezogen. Die Pferdedecken und Alles, was mit dem Wagen verbunden, waren einfach, aber passend und schön. Nachdem die theure Bürde hineingelegt war, marschirte die Ehrengarde als eine besondere Wache gegen den Todtenwagen her, sieben zu jeder Seite, und der Rest des Leichenzuges folgte in gehöriger Ordnung.

Das Fährboot, New-York, welches wartete, die Prozession an Bord zu nehmen, war sehr passend mit Fahnen und anderen Trauerzeichen geschmückt. Die zur Fähre leitende Brücke und die in der Nähe liegenden Dampfschiffe waren auch Alle auf eine eindrucksvolle Weise geschmückt.

Nach einer kurzen Unterbrechung schiffte sich die ganze Gesellschaft ein, und der mächtige Dämpfer bewegte sich mit kaum bemerkbarer Schwenkung über den Fluß, als ob er ein lebendes Wesen wäre und die theure Natur seiner Bürde kenne. Die Requiem Sänger setzten ihren feierlichen Chor fort, und die Töne dieses herzerschütternden Gesanges schallten weit über den großen Fluß hinaus und gaben von den vielen umherliegenden Schiffen ein hundertfaches Echo zurück. Weit die Bucht hinunter hörte man den Wiederhall der entfernten Kanonen. Dieses Donnern der Geschütze, diese wehklagenden Töne des großen Chores, das Niederziehen der Flaggen der nahe liegenden Schiffe als Zeichen der Ehrfurcht, das kaum hörbare Gesumme der unzähligen Volksmasse am jenseitigen Ufer, der Anblick des beflorten und schwarzen Leichenwagens, das feierliche Plätschern der Räder des Schiffes in den hin und her wiegenden Wellen des Flusses, das starre und traurige Aussehen aller auf dem Schiffe Anwesenden, — dieses Alles war geeignet, die Herzen eines Jeden in die tiefste Rührung zu versetzen, und gar Mancher konnte sich eines leisen Zitterns oder Schauderns nicht erwehren bei dem Gedanken an die Hinfälligkeit des Menschen.

New-York.

Die Scene am Fuße der Desbrossesstraße zur Zeit der Landung des Dampfbootes mit der Prozession war eine solche, welche vielleicht nie wird vergessen werden. Jeder Fuß Grundes, jede erreichbare Erhöhung, jedes Dach war schwarz von menschlichen Gestalten. Männer und Knaben saßen auf Bäumen und Telegraphenstangen; die Häuser waren so mit Zuschauern angefüllt, daß es ein Wunder schien, daß sie nicht zusammenfielen, und jedes Fenster schien ein Dutzend neugieriger Zuschauer zu enthalten. Aber da eine starke Polizeimacht an Hand war, so herrschte überall die beste Ordnung. Aber den langen offenen Platz hinauf, welcher sich vor den Thoren der Fährbrücke hinzieht, sah man eine breite Gasse, den Leichenzug erwartend. Den Zaun dieser Gasse bildete zur linken Hand das siebente Regiment, in einer so geraden Linie aufgestellt, als eine Reihe Pallisaden, zur rechten Hand eine lange Linie Polizeimänner, ein eben so gutes Aussehen darbietend. Die Anordnungen waren mit besonderm Scharfsinne getroffen worden, und die prachtvolle Ordnung, welche trotz der großen Menschenmasse überall herrschte, gab den Polizeibehörden großen Credit. Wir sahen wirklich nicht eine Störung ernster Natur auf dem ganzen Marsche.

Nur kurze Zeit ging bei den Vorbereitungen, nach der Stadthalle zu marschiren, verloren. Der Leichenwagen wurde erst aus dem Boote gezogen und dann bildete sich das siebente Regiment in ein Viereck um den Wagen. Vier Bataillone Polizeileute folgten in ausgezeichneter Ordnung und der übrige Theil der Prozession folgte, wie wir schon früher bemerkt haben. Aber ein Theil der Washington Delegation, welche aus General-Offizieren bestand, beschloß den großartigen Zug.

Der Anblick der Seitenwege und Häuser, als sich die Prozession der Desbrosses-Straße hinauf bewegte unter den dumpfen, klagenden Tönen des von dem an der Spitze der Prozession voranschreitenden Musikchore aufgeführten Todtenmarsches, war großartig und eindrucksvoll. Jedes Haus war fast wörtlich in ein Trauergewand gekleidet, und das Volk auf den Seitenwegen bildete eine förmliche, athmenlose sich immer vorwärts bewegende Mauer.

Sich langsam die Desbrosses-Straße eutlang und dann zur Canal-Straße bewegend, schwang sich die feierliche Prozession nach demselben Takte des Todtenmarsches östlich die Broadway-Straße hinunter, die dichte Volksmasse immer gedrängter und die Stille immer feierlicher werdend.

Immer weiter bewegte sich der Leichenzug durch das Meer von Menschen hindurch, bis daß man den Stadt-Park erreichte; hier aber fehlen Worte, nur eine annähernde Idee des großartigen Schauspieles zu geben, welches sich dem Auge darbot. Balcone, Fenster, Dächer, Thürtreppen waren mit feingekleideten Damen und Herren angefüllt. Jeder offene und erreichbare Platz war besetzt. Schwärmerische Knaben setzten sich an Gittern, Geländern, Lampenposten u. s. w. fest, während im Parke sich Viele an Zweige und Aeste der Bäume festgeklammert hatten, der Gefahr, Hals und Bein zu brechen, mit Spott in's Auge sehend. Die tiefste Stille herrschte überall, ausgenommen, wenn zu Zeiten ein tiefes Murmeln des leise ausgedrückten Schmerzes in die Luft drang, wie das Rauschen der Wellen des fernen Meeres. Man entblößte das Haupt, erhob die thränenvollen Augen zum Himmel, wenn die Gebeine des gemordeten Patrioten — des Lieblings der Nation — vorbeigetragen wurden. Das Astor-Haus war eine lebende Masse, während die dunkeln Verzierungen der Trauer sich schwerfällig und trübe vom Grunde bis zum Dache hin und her bewegten. Als die Prozession sich um das untere Ende des Parkes wendete, konnten die äußersten Bemühungen der starken Polizei die Menschenmasse nicht zurückhalten.

Einige Minuten lang war die Prozession gebrochen und die auf der Außenseite hatten eine Gelegenheit, voran nach der Stadthalle zu drängen, um noch einen kurzen Anblick des Abgeschiedenen zu erlangen.

Aengstliche Augen schaueten von den Fenstern der Häuser in der Nachbarschaft, während unten die Menschenmasse hin und her wogte. Tod ist zu allen Zeiten schauerlich und eindrucksvoll, aber unter obwaltenden Umständen wie diese ist das Gefühl zu gespannt, um es durch Worte auszusprechen.

Die Fenster von Frensch's Gasthause waren wie die andern angefüllt mit neugierigen, ängstlichen und blassen Gesichtern. Thränenvolle Augen ruheten auf dem Todtenwagen, welcher die letzten kostbaren Ueberreste des Auserwählten des Volkes enthielt, und als dem großen Abgeschiedenen die letzten Ehren erwiesen wurden, ergriff eine tiefe Stille das versammelte Volk. Niemals fiel das Commandowort „Präsentirt das Gewehr" mit solch erstickender Empfindung in das Ohr. In den Gesichtern der dort versammelten Menschheit lag Etwas, welches zu tief für Worte und zu überwältigend für den Ausdruck war.

Die Stadthalle hat man erreicht und der Sarg wird vom Wagen gehoben. Langsam und feierlich, mit niedergebeugten Köpfen, dem Aussehen der tiefsten Bewegung und während der helle Sonnenschein schimmert an ihren funkelnden Uniformen und glänzenden Säbel und die flatternden Fahnen fast die Luft verdunkeln, tragen vierzehn Sergeanten den Sarg an den militärischen Linien des siebenten Regiments N. Y. S. N. G. vorbei;

dann an den Veteranen des Krieges von 1812 vorbei; dann vorüber an den Linien der in ein offenes Viereck aufgestellten Metropolitan Polizei, immer weiter, dann die Stufen der Treppe zur Stadthalle hinauf, wo tausend deutsche Sänger Platz genommen hatten, deren trauervolle Klagelieder alles Geräusch und Tumult weit übertönten, in der halb dunkeln und feierlichen Halle ihren Wiederhall fanden, und durch den vorübergehenden Luftzug die Linien des Militärs entlang bis zum äußersten Ende der wogenden Menschenmenge fortgetragen wurden. Deutschlands Söhne und deutsche Stimmen waren es, die dem durch Mörderhand gefallenen Vater unseres Adoptiv-Vaterlandes ein Sterbelied sangen die dem sanft in seinem Sarge schlummernden Manne die letzten Beweise ihrer Liebe und Ehrfurcht zollten, während alle Andern in andächtiger Stille, mit angehaltenen Athmen und gespannter Aufmerksamkeit bald ihnen zulauschten, oder bald die Augen wieder auf den Sarg des hohen Todten ruhen ließen.

Der Sarg war kaum in der Halle niedergesetzt, als sich eine lange Reihe um Einlaß begieriger Applikanten bildete, welche die Chatam-Straße hinauf bis fast zum Bowery-Theater reichte. Alle Nationalitäten und Farben waren darin vertreten, und wir glaubten niemals, daß es solche menschliche Geduld in der Welt gäbe.

Die Scene vor der „City Halle" war sehr lebhaft. Die langen Reihen der Polizei waren in eine Linie von dem östlichen zum westlichen Thore des Parks aufgestellt, und so auch auf dem Printing-Haus-Platze und der Parkrow.

Im Zimmer des Gouverneurs waren die Dekorationen sehr schön. Die Bildnisse der Gouverneure und Ex-Mayore von New-York und verschiedener anderer berühmter Männer waren Alle auf die gewöhnliche Weise schwarz geschmückt. Um elf Uhr marschirten ungefähr zwei tausend Mitglieder des Sängerbundes, des Arion und des Liederkranzes vor die City-Halle und nahmen ihre Stellung auf der Esplanade ein, zu beiden Seiten des Haupteinganges zum Gebäude.

Die Prozession.

Schon während der vorhergehenden Nacht hatten die Einleitungen zu dem großen Begräbnißzuge auf verschiedenen Stellen der Stadt ihren Fortschritt genommen. Schon vor Tagesanbruch wuchs die Regung an. Sobald als es Tag war, fing die große Masse der Bevölkerung der Stadt New-York an, sich der traurig-großen Ceremonie entgegen zu bewegen. Erst sah man viele Soldaten in Uniform und bewaffnet, dann einzelne Bürger in Schwarz gekleidet, welche sich zum Rendezvous ihres Regimentes, Gesellschaft, Clubs oder Vereines begaben. Und während das militärische und bürgerliche Costume in deren gegenseitiger Weise verschieden war, konnte man zwei allgemeine Merkmale an jedem Bürger sehen, ob er nun Theilnehmer oder Zuschauer an dem traurigen Schauspiele war,—den Florquast am Arme und das ernste, oft betrübte Gesicht; dieses war ein stummer Zeuge, daß die ganze Stadt in Einigkeit des Herzens aufstand, um ihrem todten Befreier, Patrioten, dem aufrichtigen Manne und dem weisen Herrscher den letzten Beweis ihrer Trauer und Liebe zu bringen.

Die Prozession wurde in acht Divisionen formirt. Die erste stand in einer Reihe von ein und dreiviertel Meile an Broadway, vom Park bis zur vierzehnten Straße und konnte sehr gut von den Andern in gehöriger Ordnung gefolgt werden, indem sie quer durch den Park marschirten und dann zur Broadway einschwenkten.

Die Zuschauer

Als die Zeit der Vorwärtsbewegung herannahete, hatte sich eine unzählige Masse Zuschauer der angegebenen Marschlinie entlang aufgestellt; fast eben so Viele standen auf den Treppen und Geländern; alle Fenster waren mit Männern, Frauen und Kindern angefüllt; solche Sitze wurden oft für Geld verkauft und waren draußen durch angeschlagene Zettel bekannt gemacht. Tausende und Tausende dieser Zuschauer waren noch zu jung, um die rechte Hand von der Linken zu unterscheiden, und wurden ohne

Zweifel dahin gebracht, um im Alter sagen zu können, daß sie die Begräbniß-Prozession Abraham Lincoln's sahen. Dächer, Dachrinnen, Bäume, Pfosten waren alle besetzt, oder beladen mit Männern und Frauen.

Um ein Uhr bewegte sich die Prozession in genauer, guter Ordnung vorwärts. Da die Rechte der ersten oder militärischen Division sich an die vierzehnte Straße lehnte, so war es dieser Punkt, welcher sich eigentlich zuerst in Bewegung setzte.

Die Militär-Division.

Nach der Sitte bei Leichenbegängnissen, die Ordnung des Marschirens wie die Haltung des Gewehrs des Soldaten ist umgekehrt, und die letzte Brigade einer Division anstatt der ersten und das letzte Regiment einer Brigade anstatt des ersten gehen zuerst. Die zweite Division der New-York Staats-Truppen schritten vor der ersten, die elfte Brigade vor der fünften, das zweiundfünfzigste Regiment vor dem siebenundvierzigsten und dieses vor dem dreiundzwanzigsten her u. s. w.

Der ganzen Linie der großen gebildeten Gasse entlang bis zum Parke standen die Regimenter mit dem Gesichte nach Osten gewendet. Eins nach dem andern, in rascher Reihenfolge, schritten sie in Sections-Colonnen voran, und eine Vogelschau würde die ganze Entfernung vom Union Park bis zur City-Halle als eine steingraue Linie gezeigt haben mit schweren, schwarzen Massen jeden Seitenweg hinunter, und von einem Ende zum andern kreuzweise gestreift mit den Sektionen, nach und nach nordwärts gleitend, die im Sonnenlichte blitzenden und glimmernden Bajonnette und Säbel.

Der Leichenwagen.

Das siebente Regiment agirte als Ehrengarde, und in dessen gebildeten offenen Vierecke kam der Leichenwagen, ein dunkler und großartiger Bau, dessen schwere Federbüsche hin und her nickten. Der Wagen bestand aus einer großen Platform, vierzehn Fuß lang und acht Fuß breit, worauf eine Bühne oder Erhöhung angebracht war, auf welcher der Sarg ruhete. Ueber diesem war ein reicher Traghimmel, welcher auf vier Säulen ruhete, am Fuße jeder Säule waren drei mit Flor umschlungene Fahnen. Auf den vier Ecken des Traghimmels waren schattige und wallende schwarze Federbüsche angebracht, und oben auf war die Form eines kleinen Tempels ohne Wände, offen und leer. So, wollte das kleine Sinnbild andeuten, war die Nation, die Heimath der Freiheit, ihres Stellvertreters beraubt. Oder, vielleicht, so leer von ihrem vormaligen Bewohner, war der Körper des Todten, der Tempel des Lebens. Auf der inneren Seite war der Wagen mit weißem Atlas ausgefüttert, und über dem Sarge hing ein großer Adler mit ausgebreiteten Flügeln, als ob er dort schwebe, in seinen Klauen einen Lorbeerkranz tragend. Auf der Oberfläche der Platform lagen schöne, weiße Blumen in reizenden Kränzen und Sträußen umher, und die tiefe Schwärze des Tuches wurde etwas erleichtert durch Guirlanden und Silberflitter. Vor der Ehrengarde marschirte eine starke Abtheilung Polizeimänner, die jeden Zoll der Straße von Grenz- zu Grenzstein kehrten. Wie es aber auch immer sein mochte, die geringste Störung fiel nicht vor. Vielleicht saß hier und da eine alte müde Dame oder sorgloser Knabe mit den Füßen in der Gosse; aber der große Haufe in einem großen Grade mehr gedrängter und fester vielleicht, als die Menschenmenge bei der merkwürdigen Veranlassung gleich nach der Inaugurations-Feier, hielt sich vorsichtig auf den Seitenwegen zurück. Die Ehrengarde, das siebente Regiment, Oberst Emmons Clark, kam zunächst mit reversirtem Gewehr; sein mathematisch genaues Marschiren und durchgängig soldatische Haltung that ihrer Arbeit Gerechtigkeit in dieser melancholischen aber ehrenhaften Pflicht. Unmittelbar an beiden Seiten des Wagens marschirten Veteran-Reserven, die die Leiche von Washington begleitet hatten, und langsam und betrübt rollte der Leichenwagen zwischen ihnen her, gezogen von sechszehn mit schwarzen Decken versehenen grauen Pferden, jedes geleitet von einem farbigen Knechte.

Die bürgerliche Prozession.

Der militärische Theil des Leichenzuges ist mit wenigen kleinen Ausnahmen hiermit beschlossen. Mit gleichen Ausnahmen bildete der Rest anstatt des großen Eindruckes der Uniformen, der Marschlinie und des Blitzens und Scheinen der Waffen, eine einförmige, aber dennoch nachdrucksvolle Säule von in schwarze Hüte und Anzüge gekleideter Bürger. In verschiedenen Hinsichten war dieser Theil der Prozession einem nachdenkenden Beobachter mehr bezeichnend, als der militärische; aber dieses war kraft vereinter und verbundener Ideen, aber nicht in Hinsicht der Farbe und Vorbereitung.

Nationalitäten.

Die numerische Strenge und wachsame Nationalität der Irischen in New-York bewies sich abermals durch die Thatsache, daß eine ganze Division, nämlich die fünfte, aus irischen Gesellschaften und Vereinen bestand. In deren Mitte marschirte, wie am Inaugurationstage, eine Anzahl Compagnien von Knaben, Hand in Hand und in grüne Jacken gekleidet. Die kleinen Kerls hatten ein gutes Aussehen und marschirten vortrefflich.

Die athletischen deutschen Turner in ihren einfachen leinenen Röcken, machten einen guten Eindruck und sahen stark und verständig aus. Eine große Anzahl von Arbeiter-, Schutz- und Unterstützungs-Vereinen bildeten den letzteren Theil der Bürger-Prozession und einige von ihnen zeigten sich hier und dort unanständig genug, daß sie unter dem Einflusse hitziger Getränke standen.

Die achte Division bestand aus der Brooklyn Delegation und hinter denen, den Schluß bildend, kam eine starke Doppellinie Polizeimänner, hinter diesen noch eine Anzahl von ungefähr zweihundert farbigen Männern. Ein Theil von diesen war erst kürzlich aus der Sklaverei befreit und diese trugen eine Fahne mit zwei Inschriften: „Abraham Lincoln unserer Befreier" und „Millionen von freien Männern gab er Freiheit."

Dieses war der einzige Theil des ganzen Zuges, welcher mit Beifallsbezeugungen empfangen wurde.

Die Spitze der Prozession hatte die Eisenbahn-Station um 2:10 erreicht. Das Ende derselben hatte um fünf Uhr die vierzehnte Straße noch nicht erreicht. Der Leichenzug muß aus über sechzig tausend Menschen bestanden haben. Nachdem die Gebeine den Eisenbahnbehörden übergeben waren, dauerte es noch Stunden lang, bis das hintere Ende der Prozession aufhörte zu marschiren. Nachdem Alle den vorgeschriebenen Weg zurückgelegt hatten, trennten sich die verschiedenen Theile der Prozession los und begaben sich nach ihren respektiven Sammlungsplätzen.

Die tiefe Einfachheit dieser Ceremonie gab ihr einen gründlichen und gewichtigen Charakter, bei Weitem eindrucksvoller, als der festliche Pomp der meisten Schaugepränge. Und die Klagetöne der von den Musikbanden gespielten Trauermärsche erhöheten noch mehr den Eindruck. Die Straßen waren im guten Zustande; der Himmel und die Luft waren günstig; die Anordnungen zu diesem Trauerfeste waren gut getroffen, und in Größe der Art und Weise, sowohl in sittlicher als politischer Weise betrachtet, war die große Leichenfeier, die den Gebeinen des Präsidenten Lincoln von den Bürgern der Stadt New-York gegeben wurde, eine äußerst erfolgreiche.

Die Ceremonien auf dem Union Platze.

Kurz nachdem die Prozession am Dienstag Nachmittag durch den Union Platz gezogen war, wurde eine Versammlung gehalten, um der Leiche des verblichenen Präsidenten passende Ehrenbezeugungen darzubringen, und sich in passenden religiösen Gebeten zu vereinigen.

Die Vorderseite dem Maison Doree zugewendet, war ein großes Gerüst errichtet mit den Nationalfarben in Schwarz gehüllt und einer gebrochenen Säule, der Entwurf des Herrn Thomas, um dessen untere Ende eine Rolle schwarzen Flors gewunden war. Auf dem Platze dem Spritzenhause gegenüber und neben dem Gerüste war eine Säule, welche ein Brustbild des Präsidenten Lincoln trug. Es war in Trauerkleider eingehüllt und erregte viele Aufmerksamkeit. Vor dem Gerüste hatten sich ungefähr zweitausend Menschen versammelt, unter welchen sich viele Damen befanden, und die Fenster aller Häuser in Sicht und Hörweite waren mit Personen überfüllt.

Auf dem Gerüste war die Geistlichkeit vertreten und Deputationen der Union, New-York, Century, Athenäum, City, Union League, Eclectischen und anderer Vereine hatten sich dort vesammelt. Auch hatte man Damen und Kinder auf das Gerüst gelassen, und es wurde dadurch sehr unbequem überfüllt.

Der Achtb. John A. King war Vorsitzer. Die Exercitien wurden durch ein Gebet des Rev. Stephan H. Tyng eröffnet, während dessen die ganze Versammlung ihr Haupt entblößte. Er wiederholte folgenden schönen Theil der Begräbniß-Feier:

„Ich bin die Auferstehung und das Leben, sagt der Herr; wer in mich glaubt, wird leben, obgleich er auch gestorben ist; und wer lebt und an mich glaubt, soll niemals sterben;" hierauf sagte der Ehrw. Herr: „O, Gott! in dessen Händen unser Leben ist, es hat Dir in Deiner unendlichen Weisheit gefallen, unser Licht, den Wunsch Deines Volkes wegzunehmen; wir beugen uns mit Ehrerbietung unter Deiner Verordnung, und beten Dich als den Hohen und Erhabenen an; Du hast uns gezüchtigt wie ein Vater seine Kinder. Wir bekennen Dich als unsern Erlöser, wir erkennen die Fülle Deiner Macht und wir sagen Dir von Herzen Dank für was Du uns gegeben und von uns weggenommen hast. Wir beneideten Dich, daß Du ihn zum Werkzeuge gemacht hast, die Nation zu retten und den in Ketten Seufzenden Freiheit zuzurufen. Wir fühlen unsern Verlust schwer, aber wir beugen uns in demüthiger Danksagung für alle unsere Heimsuchungen. Wir bitten Dich, segne die Verwundeten und Leidenden, die Wittwen und Waisen; wir bitten Dich, segne und beschütze unsern neuen Präsidenten und bringe schnell die Zeit heran, wenn die Nation keinen Krieg mehr verlangt!"

Nach dem Gebete spielte die Musikbande den Todtenmarsch. Der Achtb. George Bancroft hielt dann eine rührende Anrede, welche oft durch Beifallsbezeugungen unterbrochen wurde.

Rev. Dr. Joseph P. Thompson wurde dann eingeführt und las Präsident Lincoln's letzte Inaugural-Adresse auf eine sehr eindrucksvolle Weise.

Dann las der Rev. W. H. Boole den 94. Psalm, in welchem der begeisterte Psalmist Gott um Hülfe gegen seine Feinde anruft.

Rev. Dr. Rogers sagte dann ein schönes Gebet her, in welchem er Gott dankte, daß unser verblichene Präsident von uns ohne den geringsten Schatten auf seinem Namen genommen worden sei, und daß ein Josua auferstanden sei, um seine Stelle einzunehmen und sein geliebtes Volk anstatt seiner in das schöne Land des Friedens einzuführen nach der Jahre langen Wüste eines unheilvollen und alles zerstörenden Krieges.

Nach einer kurzen passenden Musik las Rev. Rabbiner Isaacs von der Broadway Synagoge einige auserwählten Stellen aus der hl. Schrift und sprach darnach ein kurzes Gebet.

Hierauf las der Rev. Dr. Samuel Osgood noch mehrere Hymnen, die erst ein paar Stunden vorher von Mr. W. C. Bryant componirt waren und es nicht verfehlten, sowohl durch ihren tiefen Sinn als auch durch die rührende Ausdrucksweise einen tiefen Eindruck auf die andächtige Versammlung zu machen.

Da der Hochw. Erzbischof McClosky unabänderlich abwesend war und an den Leichenfeierlichkeiten keinen Antheil nehmen konnte, so wurde der Segen durch den Hochw. Dr. Hitchcock gegeben, und die Versammlung zerstreute sich nach allen Richtungen hin.

Von New-York nach Albany.

Der Sarg wurde dann auf den Eisenbahnwagen gebracht und nicht eher, bis sich der Zug in Bewegung setzte, verlief sich die große Menge der Zuschauer. Auf dem Wege nach Albany war die ganze Umgegend in ein Trauergewand gehüllt und ein Platz wetteiferte mit dem Andern in vorzüglichen Ausschmückungen und Sinnbildern der tiefen Trauer; das Volk trug traurige Gesichter, als ein Anzeichen ihrer betrübten und mit Schmerz überfüllten Herzen. Der Zug kam zur gehörigen Zeit in Albany an, wo der Sarg zur Schau ausgestellt wurde. Tausende hatten die traurige Freude die Gebeine des großen Mannes zu sehen, aber auch Tausende wurden getäuscht, die keine Gelegenheit hatten dem Sarge nahe zu kommen. Man sagte, daß Delegationen von zehn verschiedenen Counties Albany besuchten, um die Leiche des Präsidenten zu sehen.

Die Procession in dieser Stadt und das Aussetzen der Leiche in Staat ward durch dieselbe Charakteristik bezeichnet, welches sie in andern Städten hervorgerufen hatte. Specialzüge brachten tausende von Menschen von den benachbarten Städten, die Bevölkerung der Stadt Albany zu großen Proportionen anschwellend. Die Häuser waren mit passenden Sinnbildern und schicklichen Wahlsprüchen geschmückt. Die großartige Procession war in schöner Ordnung und verfehlte nicht, einen tiefen feierlichen Eindruck auf das Gemüth aller Anwesenden hervorzubringen. Gouverneur Fenton und Stab folgten zu Fuß unmittelbar hinter der von Washington mitgekommenen Eskorte, welche letztere in Kutschen saß.

Der Leichenzug verließ Albany am 26., Mittwoch um vier Uhr Nachmittags. In Schenectady, wie überall vorher, stand eine große Anzahl Menschen mit entblößtem Haupte. Zu Canajoharie war die Palatine Brücke geschmückt mit Flaggen und Trauertüchern; die Geschütze donnerten; die Glocken tönten langsam und melancholisch durch die Luft, die Musikchöre spielten Trauerweisen und eine große Menge Menschen schaute den Todtenwagen mit nassem Auge und betrübten Herzen an.

Ein Wagen mit Erfrischungen begleitete den Zug und zu St. Johnsville wurde das Abendbrod gegessen. Die ersten jungen Damen der Stadt, alle gleich in Schwarz und Weiß gekleidet, mit großen schwarzen Rosetten auf der linken Schulter, warteten am Tische auf und wurden hernach in den Leichenwagen gelassen um die Leiche zu sehen. Die Damen von Little Falls legten schöne und frische Blumen auf den Sarg; ein schöneres Geschenk hätte eine weibliche Hand nicht weihen können.

Zu Herkimer zeigten flackernde Fackeln den Zug in einem hellen Lichte zu einer großen Versammlung, welche kein Wort sprach, sondern ihn in seiner Glorie vorüberziehen ließ. Viele tausende von Zuschauern, geblendet durch das helle Licht der Fackeln, begegneten dem Zuge unter dem Feuern der Kanonen und dem Läuten der Glocken. Man glaubt, daß an 25,000 Menschen gegenwärtig waren. An Oriskany vorüberfahrend, wo ein großes Bonfeuer seine flackernden Feuersäulen in die finstere Höhe steigen ließ, erreichte der Zug Syracuse um 11:15 Abends. Der Bahnhof und andere Gebäude waren mit Trauerzeug behangen und die Scene wurde durch Locomotivlampen erleuchtet. Als der Zug sich in den Bahnhof bewegte, spielte ein Musikchor einen Trauermarsch und ein Chor von hundert Stimmen sang passende Hymnen, während der Zug anhielt. Die Menschenmenge war ungeheuer und große Delegationen von Oswego und anderen umliegenden Städten kamen noch immer an. Der Leichenzug wurde von der versammelten Menschenmasse mit entblößten Häuptern und mit den tiefsten Beweisen innern Schmerzes empfangen. Die Bahnstationen waren alle mit Fackeln und Bonfeuern erleuchtet. Um Mitternacht erreichte man Memphis.

Donnerstag, den 27. April passirte der Leichenzug durch Jordon, Weedsport, Port Byron, Savannah, Clyde, Lyons, Newark, Palmyra und andere Plätze, wo die Versammlungen alle sehr groß waren, und der Zug zog an allen diesen Stationen vorüber unter dem Lichte zahlloser Bonfeuer und Fackeln und erreichte Rochester 3:20 Morgens. Man hielt zehn Minuten in Rochester an. Die Menschen waren alle in voller Macht gegenwärtig. Die Straßen in der Nachbarschaft der Anhaltsplätze waren alle mit Menschen förmlich vollgepackt. Die Häuser waren alle wie gewöhnlich mit Zeichen der Trauer und umflorten Fahnen geschmückt.

Buffalo

erreichte man um sieben Uhr Morgens. Die Procession bildete sich zwischen 7 und 8 Uhr und setzte sich nach der St. James Halle hin in Bewegung, unter einer bürgerlichen und militärischen Eskorte zusammen mit der Gesellschaft, welche der Leiche des abgeschiedenen Präsidenten von Washington gefolgt war. Der Sarg stand so auf dem Leichenwagen erhöht, so daß die Personen, welche zu beiden Seiten auf den Seitenwegen standen, ihn sehen konnten, wenn er vorbeifuhr. Der Todtenwagen war mit schwarzem Tuche bedeckt, über welchen sich ein gewölbtes Dach erhob und welcher geschmackvoll mit weißem Atlas und Silberborde besetzt war. Die Leiche wurde in St. James Halle unter einem schwarzen Traghimmel niedergesetzt, unter dem Gesange eines Todtenliedes. Eine schöne von auserlesenen weißen Blumen verfertigte Harfe wurde dann auf das Kopfende des Sarges gelegt und das Volk hinzugelassen. Das Gedränge war unbeschreiblich bis 8 Uhr Abendes, als der Sarg geschlossen wurde. Die Vorbereitungen waren hier überhaupt besser getroffen als auf irgend einem Platze der ganzen Reise entlang. Um 10 Uhr Abends setzte sich der Zug in Bewegung nach

Cleveland.

Zehn Minuten nach Mitternacht, Freitag den 28. kam der Eisenbahnzug in Dunkirk an. Was hier besondere Aufmerksamkeit erregte, war eine Gruppe von 36 jungen Damen, die die verschiedenen Staaten der Union darstellten. Sie waren alle weiß gekleidet, jede von ihnen mit einer schwarzen Schärpe über der Schulter und in der Hand eine Nationalfahne haltend. Das wogende Meer von Menschen, der einsilbige Klang der läutenden Glocken und das Abfeuern der Geschütze, die klingenden Töne der Musikchöre, alles trug dazu bei, die Feierlichkeit und den tiefen Eindruck, den dieses alles auf das Gemüth jeder gegenwärtigen Person hervorbrachte, zu erhöhen. An Braceton, welches illuminirt war, vorüberfahrend, erreichte der Zug Westfield um 1 Uhr Morgens, wo ein Committee von Damen ein Kreuz und einen Kranz Blumen brachten. Das Kreuz trug folgende Inschrift: „Unser ist das Kreuz; dein die Krone!" Sobald als der Train die Grenzen des Staates erreichte, nahmen General Dix und sein Stab von dem Leichenzuge Abschied und begaben sich nach New-York zurück. Zu Wickliffe kamen Gouverneur Brough und sein Stab von Ohio und auch General-Major Hooker nebst Stab an Bord des Eisenbahnzuges.

Man kam in Cleveland um sieben Uhr Morgens an. Auf der Seeseite der Stadt an dem schroffen grünen Hügel waren Tausende von Menschen versammelt, sich dadurch eine gute Ansicht des Leichenzuges sichernd. Hoch oben auf dem Hügel sah man einen großen Bogen mit der Inschrift: „Abraham Lincoln." Er war in Trauerzeug gehüllt, und die Stützen des Bogens waren mit wechselnden schwarzen und weißen Tuchstreifen umwunden. Die Leiche wurde dann in den Park getragen, wo man eigens für diese Feier ein Gebäude aufgeführt hatte. Das Gebäude war 24 Fuß breit und 36 Fuß lang und vom Grunde bis zur Platte 14 Fuß hoch. Das Dach war im pagodischen Style aufgeführt und die Sparren waren in der Mitte des Hauptdaches mit weißem Zeuge bedeckt. Das Leichengerüst war auf die schönste Weise mit Immergrün verziert; mit Silberfranzen besetztes Tuch umschlang die Säulen, welche den kleinen über dem Sarge gewölbten Himmel trugen und der Rand des Karnieß war mit weißen Blumen und silbernen Sternen geschmückt.

Nachdem die Ueberreste niedergesetzt waren, wurde von dem Hochw. Herrn Bischof, McIlvaine, die Leichenfeier gehalten. Er las einen Theil der Beerdigungsgebete nach dem Ritus der Methodistischen Kirche, und indem er der Gelegenheit gemäß den Text ein wenig änderte, rührte er manchen Anwesenden zu Thränen.

Der Sarg wurde dann zur öffentlichen Schau ausgestellt. Alle Vorbereitungen waren so vollständig und genau getroffen, daß ein Jeder ohne die geringste Beschwerde Zutritt erlangen konnte; und die Zahl, welche die Leiche des Präsidenten während des Tages besuchte, belief sich auf ungefähr einhundertundachtzig die Minute. Am Freitag den 29. April verließ der Leichenzug unter einem heftigen Regen Cleveland nach Columbus. Trotz des starken Regens und Sturmes hatte sich auf allen Stationen eine große Anzahl Menschen versammelt, von denen Viele Laternen in den Händen trugen, um den Leichenwagen genau in Obacht nehmen zu können. Die größte Anzahl Personen war in Condingham versammelt, wo alle Häuser mit Zeichen der Trauer geschmückt waren, Kanonen donnerten und Glocken läuteten. Um sechs Uhr Morgens passirte der Eisenbahnzug Eden, als auch der Regen aufhörte und das Wetter klar wurde.

Columbus.

Um halb acht Uhr Samstag Morgen den 30sten kam man in Columbus an. Das Arrangements-Committee fing sogleich an, das aufgestellte Programm in Ausführung zu bringen und ließ der die Leiche begleitenden Gesellschaft in Kutschen Platz nehmen. Die Prozession wurde gebildet das 38ste Ohio Freiwilligen Infanterie Regiment bildete die Militär-Eskorte, dann folgten die Geistlichkeit und Leichenträger und andere auf jeder Seite des Todtenwagens. Das Veteranen Reserve-Corps war die Ehrengarde. Die Rotunda des Capitols war in Trauer gekleidet, worin der Sarg getragen wurde. Er ruhete auf einen Mooshügel, an welchem die schönsten Blumen angebracht waren. Am Kopfe des Sarges ruhete ein großer Blumenkranz, hinter welchem sich unmittelbar gläserne und porzellanene Vasen, mit den auserlesensten Blumen angefüllt, befanden, welche Damen beigesteuert hatten. Die Wände der Rotunda waren geschmückt mit einem Bilde, welches eine Scene aus dem Leben des Commodore Perry darstellte, und vielen Schlachtfahnen, welche während des

Krieges von Ohio Truppen getragen worden waren, zerfetzt und durchlöchert durch Kugeln in manchem mörderischen Kampfe. Keine Störung oder Streit zwischen der ein- und ausgehenden Volksmenge fiel vor, welches man den guten Vorbereitungen und Anordnungen zuzuschreiben hatte, und ungefähr sieben Stunden lang dauerte die beständige Linie der an beiden Seiten des Sarges vorübergehenden Zuschauer. Um acht Uhr Abends wurde die Leiche nach dem Bahnhof zurückgebracht und gleich darauf setzte sich der Leichenzug nach Indianapolis hin in Bewegung. Scioto, Hillard's, Pleasant, Valley, Unionville, Milford, Woodstock und Vagdenburgh wurden passirt, und den ganzen Weg entlang erblickte man Tausende von Menschen, welche Fackeln trugen und Bonfeuer schürten, um den Leichenzug genau in Augenschein nehmen zu können. In Woodstock war sowohl Instrumental- als auch Vocal-Musik gegenwärtig, die Glocken läuteten und die Geschütze donnerten. Zu Urbana hatten sich die Menschen aus der Umgegend zu tausenden versammelt. Die Scene wurde durch hunderte von Fackeln und Bonfeuern beleuchtet, und in deren hellem Glanze konnte man die traurigen Gesichtsausdrücke der umstehenden Menschenmenge gewahr nehmen. Auch hier dröhnten die eintönigen Schüsse der Kanonen und hallten die feierlichen Glockenklänge durch die tiefe Nacht und eine Musikbande führte einen feierlichen Todtenmarsch auf; aber das feierlichste und eindrucksvollste von Allem war der große Chor von Männer- und Frauenstimmen, die auf der Platform standen und eine rührende Todtenhymne sangen. Zu Piqua waren über zehn Tausend Personen anwesend.

Samstag Nacht zwischen zwölf und ein Uhr passirte man die Grenzen des Staates und der Zug begab sich in den Staat Indiana. Das Wetter war kalt und es regnete wieder heftig, aber dieses hielt das patriotische Volk nicht ab, auf den verschiedenen Stationen zusammen zu kommen und ihrem gefallenen Anführer die letzten Beweise ihrer Liebe zu bringen.

In Richmond fuhr der Zug durch eine gewölbte Brücke, welche zu diesem Zwecke von der Air Linie Eisenbahn errichtet worden war. Die Au-

Benseiten waren sehr geschmackvoll mit Immergrün besetzt, welches mit weißen Rosen besprenkelt war. Auf dieser Stelle kam Gouverneur Morton von Indiana an Bord des Zuges.

Zu Cambridge waren Tausende von Menschen auf dem Bahnhofe versammelt, und der Eisenbahnzug fuhr durch ein mit Immergrün geschmücktes Gewölbe, auf welchem eine weibliche Figur stand, welche den weinenden Genius Amerika's darstellte.

Der Staat Indiana war in die tiefste Trauer versunken. Dieses zeigte sich nicht durch die großartigen Demonstrationen in den Städten, sondern durch die einfache und tiefsinnige Schmückung der Landhäuser der Linie entlang, und durch die vielen niedergeschlagenen thränenvollen Gesichter, welche man bei dem lodernden Scheine der Fackeln und Bonfeuer wahrnehmen konnte. Leute waren Meilen weit gekommen, durch Nacht, Sturm und Regen, um noch einen kurzen Anblick des Wagens zu erhalten, in welchem sich die Gebeine ihres geliebten und tiefbeweinten Magistratsperson befanden.

Indianapolis.

Der Leichenzug kam Morgens 7 Uhr in Indianapolis an. Eine Prozession wurde gebildet und durch die Mitte von Tausenden von Zuschauern wurde die Leiche des todten Präsidenten nach dem Staatshause gebracht. Das ganze Gebäude war in Schwarz gekleidet, mit Immergrün-Guirlanden durchwunden und mit Fahnen schön verziert. Das Leichengerüst stand in der Mitte der Rotunda. Hierauf wurde der Sarg niedergelassen, umgeben von schönen wohlriechenden Blumen, während Blumenkränze den Deckel desselben zierten und durch ihren Wohlgeruch einen angenehmen Duft verbreiteten. Die Gebeine wurden bald nach ihrer Ankunft zur öffentlichen Anschauung ausgestellt. Die Stadträthe von Cincinnati und Louisville, so auch eine Delegation von Covington mit Gouverneur Bramlette von Kentucky waren in der Stadt, um an der Leichenprozession

Theil zu nehmen. Tausende von Menschen von den umliegenden Städten schwollen die Einwohnerzahl der Stadt Indianapolis zum Unermeßlichen an. Die Kinder der Sonntagsschulen erhielten zuerst Zutritt und dann die Damen und Bürger, bis daß alle Anwesenden befriedigt waren.

Sonntag um Mitternacht verließ der Leichenzug Indianapolis auf seinem Wege nach Chicago. Dieselben Trauerzeichen wie an anderen Plätzen-nahm man auch des Weges entlang gewahr. Zu Michigan City fuhr der Zug durch mehrere schöne in Trauer gekleidete Brücken, welche zur Ehre des hohen Todten errichtet worden waren. Bald nachher fuhr man über die Grenzen des Staates, und die kalte Leiche des verstorbenen Präsidenten hatten den Staat erreicht, wo er geboren war und seine Jugendjahre in Einsamkeit zugebracht hatte.

Chicago

wurde am 1. Mai Morgens 11 Uhr erreicht, nachdem der Zug eine Reise von 1500 Meilen gemacht hatte, seitdem er Washington verlassen. Am vorhergehenden Abende hatte der Achtb. Scuyler Colfax eine sehr beredte Leichenrede in Bryan Halle gehalten, zu welcher sich eine große Menge Menschen eingefunden hatte. Das dumpfe Feuern der Geschütze und die tiefklingenden Töne der Glocken verkündeten die Ankunft der Leiche des Präsidenten. Diese wurde in Prozession und unter der Begleitung von vielen tausenden Menschen nach dem Courthause gebracht, welches dem öffentlichen Zutritte um sechs Uhr Abends eröffnet wurde und offen blieb bis den nächsten Abend sieben Uhr.

Von Chicago nach Springfield.

Der Weg von Chicago nach Springfield war fast eine ununterbrochene Linie von Bonfeuern auf jeder Station, welche durch ihr Licht die finstere Nacht fast in Tag verwandelten, so daß sowohl der Leichenzug gut betrachtet werden konnte, als auch viele in Trauer gekleidete Gerüste, welche mit männlichen und weiblichen Zuschauern angefüllt waren. An vielen Plätzen war auch Vocal- und Instrumental-Musik anwesend, wo dann Todtenmärsche gespielt und Requiem's und Trauerlieder gesungen wurden. Mit Anbruch des nächsten Tages kam der Leichenzug in Springfield an, wo eine unzählbare Menschenmenge gegenwärtig war, um die Gebeine des lieben Todten zu empfangen.

Springfield.

Nachdem der Sarg in dem Leichenwagen niedergesetzt war, setzte sich die Prozession in Bewegung und begab sich zu dem Capitol, welches für diese Gelegenheit auf die geschmackvollste Art und Weise ausgeschmückt war. In der Repräsentantenhalle war das Leichengerüst aufgebaut, welches mit schwarzem Tuch behangen und mit schönen wohlriechenden Blumen geschmückt war. Der Traghimmel, auf die schönste Weise verfertigt, war so prachtvoll geschmückt, daß es durch nichts, was mit der Leichenfeier auf dem ganzen Wege von Washington nach Springfield in Verbindung stand, übertroffen wurde. Der Boden und das Gebäude standen unter der Obhut der Comp. E 23. Regiment des Veteranen Reserve-Corps. Am 2. Mai, ungefähr zehn Uhr Vormittags, waren alle Anordnungen getroffen und vollendet und das Volk erhielt Einlaß. Vierundzwanzig Stunden lang strömten die Menschen durch die Halle, und selbst in der Mitte der Nacht verminderte sich die Menge nicht. Am 3. Mai um elf Uhr bildete sich eine Prozession und begab sich auf den Oak Ridge Gottesacker. Auf dem Wege spielte das Musikchor „Den Todtenmarsch in Saul," welcher einen tiefen und feierlichen Eindruck hervorbrachte.

Die Thore des Kirchhofes waren mit Immergrün und Blumen auf das reichste geschmückt. Nachdem der Sarg in dem Grabe niedergesetzt war, eröffnete der Hochw. A. Hall ein passendes Gebet, welchem ein Todtenlied folgte. Der Hochw. N. W. Miner las dann einige auserlesene Stellen aus den Büchern des hl. Johannes und hl. Paulus; hiernach las der Hochw. N. C. Hubbard die letzte Inaugurations-Addresse des Herrn Lincoln. Bischof Simpson erhob sich dann, um seine Leichenpredigt vorzutragen, auf welche alle Anwesenden mit der tiefsten Aufmerksamkeit zuhörten. Er fing an, wie folgt:

„Mitbürger, von Illinois sowohl als von vielen anderen Theilen der ganzen Union, nahe der Hauptstadt des großen und wachsenden Staates Illinois!

„In der Mitte dieses schönen Haines und an diesem offenen Grabe, welches wenige Minuten zurück die Asche unseres gefallenen Anführers und Mitbürgers in sich aufgenommen hat, stehen wir versammelt, ihm unsere letzte Ehre zu erweisen und Thränen des tiefen Schmerzes auf seine Gebeine fallen zu lassen. Wenig mehr als vier Jahre zurück, verließ er seine stille und einfache Heimath in jener Stadt, mitnehmend die Abschiedsworte seiner um ihn sich reihenden Freunde, mit denen er über die Herzensstiche sprach, die er empfand bei der Verlassung jenes Ortes, wo seine Kinder geboren waren und seine Heimath war freundlich gemacht worden, durch die Erinnerungen an seine frühe Kindheit; und als er sie verließ, drückte er den ernsten Wunsch aus, welches vielleicht Viele von denen, die hier an seinem Grabe stehen, gehört haben, daß, da er nun im Begriffe stehe, die großen Verantwortlichkeiten, die je auf einen Mann seit den Tagen Washington's fielen, zu übernehmen, das Volk zu Gott beten möchte, auf daß er ihm mit seiner allmächtigen und weisen Vaterhand helfe und unterstütze, das Werk zu vollbringen, welches auf seine Schultern gelegt worden sei. Aber als er diese stille Stadt verließ, warteten seiner Schlingen und Fallstricke. Kaum entfloh er den Gefahren des Weges, kaum entzog er sich den Händen des Mörders, als er sich Washington näherte, und ich glaube, daß er nur durch die Wachsamkeit der Beamten und durch die Gebete seines Volkes allen Gefahren entging, und daß der Schlag länger als vier Jahre aufgehalten wurde, welcher mit dem Willen und der Zulassung Gottes zuletzt fallen sollte. O, wie verschieden war die Begebenheit seiner

Abreise von seiner Wiederkehr! Alle seine hier gegenwärtigen Freunde hofften, ihm die Hand reichen zu können und den warmen Druck zu fühlen, welchen man in früheren Tagen gefühlt hatte, und die hohe Gestalt in ihrer Mitte herumwandeln zu sehen, welche sie immer so sehr verehrt hatten. Aber er sollte nicht eher zurückkehren, bis seine Glieder starr und stille waren, bis seine Hand den warmen Druck versagte, sein Körper im Sarge lag und von einer weinenden Nation gefolgt wurde.

„Solch eine Scene, als diese sich Euren Blicken darstellend, fiel nie in den Ereignissen der Geschichte vor. Es hat große Trauer- und Leichenzüge gegeben. Dort war einer für den Patriarchen Jacob, welcher von Egypten kam, und die Egyptier wundern sich über die Ausdrücke der Ehrfurcht und der kindlichen Liebe, welche von den Herzen der Israeliten drangen. Dort war Trauern und Wehklagen, als Moses auf den Berg Nabo und dessen Spitze Phasga stieg, dort starb und gänzlich aus den Augen der Menschheit verschwand. Es war oft Trauern und Weinen in den Königreichen der Erde, wenn Könige und Prinzen fielen; aber nie in der Geschichte der Menschen hat es eine solche Trauer gegeben, welche der, die dieses Leichenbegängniß begleitet, gleichkam, welche sich hier bei den sterblichen Ueberresten desjenigen befindet, den wir liebten und der jetzt unter uns ruhig in seinem kühlen Grabe liegt. Wenn wir einen Blick auf den Leichenzug werfen, welcher ihn begleitete, können wir sehen, wie erschüttert die Nation da steht! Thränen füllten die Augen der männlichen, sonnverbrannten Gesichter; starke Männer, welche ihren Freunden die Hand reichten, konnten keine Worte finden, ihren tiefen Schmerz und innere Rührung auszudrücken. Frauen und Kinder horchten auf die zerschmetternden Berichte, wie sie sich im Lande verbreiteten und zerschmolzen fast in Thränen. Die Nation stand verstummt da, Männer verließen ihre Pflüge im Felde und fragten einander, was das Ende dieses Schicksales sein würde. Das Summen der Fabriken schwieg und der Schlag des Hammers wurde nicht mehr gehört. Geschäftige Kaufleute schlossen ihre Waarenhäuser und in den Banken ging das Gold nicht mehr von Hand zu Hand.

„Obgleich schon drei Wochen verflossen sind, hat die Nation noch nicht frei wieder aufgeathmet. Eine traurige Stille beherrscht das ganze Land Männer aller politischen Parteien, aller Glaubensbekenntnisse, haben sich verbunden, um dem Abgeschiedenen ihren Tribut zu zollen. Der Erzbischof der römisch-katholischen Kirche von New-York und ein protestantischer Prediger gingen einander zur Seite in jenem traurigen Leichenzuge, und ein jüdischer Rabbiner nahm Theil an den hohen Feierlichkeiten der Begräbniß-Ceremonien.

„Es sind um dieses offene Grab die Stellvertreter der Armee und der Flotte versammelt, Senatoren, Richter, Gouverneure und Beamte aller Zweige der Regierung. Hier sind auch Mitglieder von allen bürgerlichen Gewerben, mit Männern und Frauen sowohl aus den ärmsten, als aus den erhabendsten Ständen. Und hier fließen auch Thränen, die so herzlich und warm sind, als irgend welche, die fallen können und von den Herzen derjenigen kommen, deren Verwandte und Geschlecht von ihm aus den Ketten erlöset wurden, den sie als ihren Befreier beweinen. Viel mehr Menschen haben auf das Gesicht des hingeschiedenen Mannes geschaut, als je auf das Gesicht einer gestorbenen Person gesehen haben. Mehr Nationen haben die über 1600 Meilen lange Prozession betrachtet, bei Tag und Nacht, beim Sonnenlichte, dem Tagwerden, der Dämmerung und beim Fackellichte, als jemals eine Prozession beobachtet hat.

„Wir fragen: warum dieses wunderbare Trauern, dieser großartige Leichenzug? Ich antworte erstens, daß ein Theil der Theilnahme aus den Zeiten hervorgegangen ist, in welchen wir leben und in welchen er, der Gefallene, eine Hauptrolle spielte. Es ist ein Grundsatz unserer Natur, daß Gefühle, wenn sie einmal in Aufwallung gesetzt sind, rasch den Gegenstand verlassen, durch welchen sie für eine andere Sache aufgeregt werden und für die gegenwärtige Besitz von dem Gemüth nehmen. Ein anderer Grundsatz unserer Natur ist, daß die tiefsten Neigungen in unseren Herzen sich um eine menschliche Gestalt ziehen, in welcher alle lebenden Gedanken und Ideen der vorüberfließenden Zeit verkörpert sind. Wenn wir nun auf die Zeiten sehen, werden wir ein Zeitalter der Aufregung erblicken.

„Vier Jahre lang ist das nationale Herz bis in die äußerste Tiefe erschüttert worden. Krieg ist über uns herein gebrochen; Familien sind verschlungen; die nächsten und theuersten Freunde auseinander gerissen, ein Krieg, dessen Ausdehnung und Größe Niemand ermessen konnte; ein Krieg, in welchem das Blut des Bruders durch den Bruder vergossen wurde. Diese jetzt stumme Stimme ließ einen Aufruf für Soldaten ergehen, und über das ganze Land, von Berg und Hügel, von Ebene und Thal sprangen hunderte und tausende tapfere und brave Herzen hervor, um Haus und Angehörige zu verlassen und unser theures Land zu retten.

„Das Gefühl der Aufregung wurde dann in das Gefühl einer tiefen Trauer versetzt, aus Angst vor der Gefahr, in welcher unser Land schwebte. Viele sagten: „„Ist es möglich, unsere Nation zu retten?"" Viele hohe Personen in unserem Lande und die meisten anderer Nationen hielten es für unmöglich, unsere Union aufrecht zu erhalten, und manches aufrichtige und patriotische Herz wurde tief geschmerzt durch die Furchtsamkeit vor einem elenden Ruine; und Viele fragten oft fast in Verzweiflung: „„Was wird das Ende dieser Dinge sein?""

„Hierzu noch hatten Frauen ihre Männer gegeben, Mütter ihre Söhne, der Stolz und die Freude ihrer Herzen. Sie sahen, wie sie die Soldatenkleidung anzogen; sie sahen ihr soldatisches Auftreten und sie suchten das tiefe Gefühl ihrer Schmerzen zu verbergen. Viele Theure traten auf das Schlachtfeld, um nie wieder zurück zu kehren, und da war Trauern und Weinen an jedem Herde über das ganze Land.

„Dann kam das Gefühl einer tieferen Trauer, als man berichtete, daß Gefangene zu Tode gemartert oder gehungert seien durch die Söldlinge derjenigen, welche sich die Repräsentanten der Tapferkeit und Ritterschaft nennen, oder derjenigen, welche sich für die Edeln der Erde halten, und als wir die Geschichten der zu Gerippe reduzirten Geschöpfe hörten, brachen wir theilweise in einen Schrei des Entsetzens und theilweise in einen Ruf für Rache aus.

„Dann wurde unser Gefühl in ein freudiges verwandelt. Die Zeichen des Endes dieser großen Rebellion kamen hervor. Wir folgten dem Maneuver unserer Generäle. Wir sahen unsere Armee unter dem Befehle des braven Offizieres, welcher diese Prozession jetzt leitet, Lookout Mountain ersteigen und die Rebellen aus ihren Schanzen werfen. Ein anderer tapferer General marschirte im Siegeszuge durch Georgia, Süd- und Nord-Carolina und trieb die vereinigten Armeen der Rebellen wie Schaafheerden vor sich her, während bei Richmond unser geehrter General-Lieutenant den Lee und seine Anhänger in seiner Eisenhand fest geklammert hatte.

„Dann kamen die glorreichen Nachrichten, daß Richmond geräumt sei und Lee sich mit seiner Armee ergeben habe. Die Glocken klangen freudig und heiter über das ganze Land. Man hörte das Donnern der Kanonen; Illuminationen und Fackelzüge zeigten die große allgemeine Freude an; jeder jauchzte dem andern zu; Alles wünschte sich Glück auf baldigen Frieden, und Familien schaueten mit zitternder inniger Freude hin auf die baldige Wiederkehr ihrer Lieben von den Feldern der Schlachten. Gerade in der wildesten Freude, wenn diese ihren Höhepunkt erreicht hatte, drang in einer Stunde, nein, in einer Minute, die erschütternde Nachricht durch das Land, wie ein zerschmetternder Blitzstrahl, daß Abraham Lincoln, der beste der Präsidenten sein Leben verloren habe durch die Hand eines ruchlosen Mörders, und dann das Gefühl, welches sich seit der vier letzten Jahre in der Gestalt von Erregung, Trauer, Entsetzen und Freude gebildet hatte, verwandelte sich in Wehklagen; eine Trauer, nicht auszudrücken; eine Angst, nicht zu beschreiben; aber es war nicht die Zeit allein, welche diese Trauer verursachte. Die Art seines Todes muß auch in Betracht gebracht werden. Wäre er auf dem Todtenbette gestorben, mit guten Freunden um ihn her; wäre der Todesschweiß von seiner Stirne durch sanfte Hände getrocknet worden, als er noch verständig war; hätte

Bildniß von Boston Corbett.

er noch die Kraft gehabt, um Worte der Liebe und des Trostes zu seiner betroffenen Wittwe zu sprechen; Worte des Trostes zu uns als die, welche wir bei seiner Abreise und in Washington in seiner jetzt unsterblich gewordenen Inaugurationsaddresse hörten; es hätte vielleicht unsern Schmerz etwas gelindert — man hätte sich vielleicht schon Etwas darauf vorbereiten können. Aber keinen Augenblick der Warnung wurde weder ihm noch uns gegeben. Ja, er wurde niedergeworfen und mußte aus dieser Welt scheiden, als die Hoffnung auf baldige Beendigung der Rebellion im hellen Glanze erschien, und die Aussicht auf ein freudiges Leben vor ihm lag.

„An jenem Tage war eine Cabinetsversammlung, welche, wie man sagt, die freudigste und glücklichste war seit dem Ausbruche der Rebellion. Nach der Zusammenkunft sprach er mit seinen Freunden und unterhielt sich mit ihnen über die vier langen Jahre des Sturmes, daß der Sturm vorüber sei und daß jetzt vier Jahre der Freude und des Vergnügens seiner warteten, das Gewicht der Sorgen und Angst von seinem Herzen geladen sei und daß er glückliche Tage mit seiner Familie verleben könne. In der Mitte dieser Erwartungen verließ er sein Haus, um nie wieder lebendig zurückzukehren. Der Abend war Charfreitag — der traurigste Tag im Kalender der christlichen Kirche, von nun an, wenn möglich, durch den Verlust der Nation noch betrübter gemacht; und so war jedes Christen Herz mit Schmerz erfüllt, daß sogar die freudigen Gedanken am Ostersonntage es verfehlten, den zerschmetternden Schmerz zu heben, unter welchem sich jeder wahre Verehrer in dem Hause Gottes beugte!“

„Aber die große Ursache der Trauer muß man in dem Manne selber finden. Hr. Lincoln war kein gewöhnlicher Mann, und ich glaube, daß die Ueberzeugung an das Gemüth der Nation gewachsen ist, und wie es meine eigene war, daß er durch die Hand Gottes auserlesen ist, unsere Regierung in diesen Widerwärtigkeiten zu leiten, und es scheint mir, daß man die Hand Gottes in vielen mit seiner Geschichte verbundenen Begebenheiten deutlich wahrnehmen kann.“

„Erstens erkenne ich dieses in seiner physischen Bildung, welche er erhielt und welche ihn fähig machte, herkulische Arbeiten zu vollbringen; in den Mühseligkeiten seiner Jugend und den Arbeiten in seinem Mannesalter gab ihm Gott eine Eisennatur. Dann war es seine Uebereinstimmung mit dem Herzen des großen Volkes, sein Verstehen ihrer Gefühle, weil er einer von ihnen war, und mit ihnen in ihren Bewegungen und Leben verbunden war. Seine Bildung war einfach; ein paar Monate in einem Schulhause gaben ihm die Elemente seiner Bildung. Er las einige Bücher, von welchen Bunyan's Pilgrims Progreß, Fabeln und das Leben Washington's seine Lieblingsbücher waren. In diesen erkennen wir die Werke, welche seinem Charakter eine Richtung gaben und seiner Lebensweise zum größten Theile zum Muster dienten. Sein frühes Leben, mit dessen verschiedenen Mühseligkeiten und Beschwerden, verband ihn fest und unauflößlich mit der Arbeiterklasse unserer Nation, und keine Erhöhung in der menschlichen Gesellschaft vermochte es, seine Achtung zu mindern, die er für den Landmann hegte. Er wußte es, was es war, die großen himmelhohen Bäume der Urwälder zu fällen und die Strömung des Mississippi, des Vaters der Ströme, hinauf zu fahren. Er hatte dieses alles in seiner Jugend erlebt. Seine Heimath war in dem wachsenden Westen, dem Herzen unserer glorreichen Republik, und gekräftigt durch die über die weiten Prairien wehende Luft, lernte er Drangsalen zu widerstehen und auf sich selbst zu vertrauen, welches ihn in Zeiten der Mühsalen und Beschwerden unterstützte und ihm Kraft verlieh. Wahren Verstand und Geistesgaben erkennt man bald, und so wurde auch er, und bald beehrte man ihn mit einem Sitze in der Gesetzgebung seines Staates. Schon mit den Grundsätzen der Rechtsgelehrtheit bekannt, schenkte er seine Gedanken und Bemühungen dem öffentlichen Wohle, und man schaute bald auf ihn als den zukünftigen Staatsmann.

„Schon im Jahre 1849 brachte er Resolutionen in der Gesetzgebung ein, fordernd die Freisetzung der Sklaven in dem Districte Columbia, während mit sehr wenigen Ausnahmen die ganze öffentliche Meinung seines Staates einer solchen Maßregel entgegengesetzt war. Von der Stunde an war er ein beständiger und eifriger Freund der Humanität und bereitete sich für den Streit späterer Jahre vor.

„Ihr fraget mich, auf welche von seinen geistigen Eigenschaften seine Größe ihre Grundlage hatte. Ich antworte, in einer raschen und fertigen Verstehung und Begreifung gewisser Gegenstände; in einem Geständnisse äußerst getreu und behaltend, und in einer logischen Wendung des Geistes, welcher fest und unerschüttert jedes Glied seiner Gedankenkette folgte, in Hinsicht irgend eines Gegenstandes, welchen er aufgefordert war zu untersuchen. Ich glaube, es hat Gemüthe gegeben, die weiter in ihrem Charakter waren; ausgedehnter in ihrer Fassungskraft; aber ich zweifle, daß es je einen Mann gegeben hat, welcher mit solcher logischen Kraft, als er Punkte Schritt für Schritt verfolgte, welche er zu erläutern wünsche. Er erlangte seine Kraft durch ein genaues und scharfes Studiren der Geometrie, und durch einen festen Willen in der Wahrheit und deren Verwandtschaft und Einfachheit auszuharren.

„Man sagt, daß in seiner Kindheit, wenn es ihm schwer wurde auf eine Unterhaltung zu hören und ausfindig zu machen, was die Leute meinten, er zu ruhen versuchte, er seinen Schlaf nicht finden konnte, bis er es versuchte, die gemeinten Punkte zu verstehen, und wenn verstanden, sie andern auf eine klarere Weise mitzutheilen, welche es nicht verstanden hatten.

„Diejenigen, welche seine Botschaften lasen, verfehlten es, die Genauigkeit und Einfachheit seines Styles einzusehen; dieselben Züge, welche von seinen Gegnern verlacht und verspottet wurden, werden jetzt anerkannt; als einer jener starken Punkte jenes kräftigen Geistes, welcher so mächtig und kraftvoll das Schicksal dieser Nation beeinflußte, und welcher für noch zu kommende Menschenalter das Schicksal der Humanität beeinflussen wird.

„Es ist dennoch nicht durch seine geistigen Fähigkeiten, daß er solch eine Macht über das Menschengeschlecht erhielt. Seine moralische Kraft gab ihm den Vorrang. Die Ueberzeugung, daß Abraham Lincoln ein aufrichtiger und redlicher Mann war, verursachte viele, sich seiner Leitung anzuvertrauen. Es wird von Herrn Cobden erzählt, den er schätzte und ehrte, daß er jedermann besser von sich selbst denken machte — eine Erkennung der Individualität — eine selbstvertrauende Stärke. Sie sahen in ihm einen Mann, der, wie sie glaubten, thuen würde, ohne auf die daraus entstehenden Folgen zu sehen. Es war das moralische Gefühl, welches ihm den größten Halt an sein Volk gab und seine Ansprüche fast zum Orakel machte.

„Wenn die Nation erzürnt wurde über die Treulosigkeit fremder Nationen, welche Kaperschiffen erlaubten, sich in ihren Seehäfen auszurüsten, um zwischen unserer wehrlosen Handelsflotte zu sengen und zu brennen, gab er jene lakonische Antwort: „Jedes Mal nur einen Krieg," und das nationale Herz wurde stille. Wenn sich seine eigenen Freunde entzweiten, in Hinsicht der Schritte die man in der Sklaverei-Frage nehmen sollte, antwortete er einfach: „Ich werde die Union retten, wenn ich kann, mit Sklaverei; wenn nicht, muß Sklaverei untergehen; denn die Union muß unter allen Umständen erhalten werden."

„Männer fühlten, daß der Kampf für die Aufrechthaltung unserer schönen Union war, und alle anderen Fragen wurden nur Nebenfragen. Aber der Ruhm eines Mannes soll durch seine Thaten verewigt werden. Großes Lob gebührt denjenigen, welche ihm mit Rath und That zur Seite standen. Er rief verständige Räthe um sich her, und schickte tüchtige Generäle in das Feld — Männer, welche den Degen handhabten, als je ein tapferer Arm gethan hat. Ueberall unterstützten und halfen ihm bedachtsame und gute Männer, aber durch seine eigenen leitenden Hände wurden die Bewegungen des Ruders unseres nationalen Fahrzeugs gerichtet. Wendet Euren Blick auf die verschiedenen Departements. Wir hatten eine nicht organisirte Miliz, kaum das Gerippe einer Armee, aber unter seiner Sorge vergrößerte sich dieselbe in eine Macht, die an Gewandtheit, Einsicht, Wirksamkeit und Tapferkeit irgend eine übertrifft, welche die Welt je gesehen hat. Vor diesen Veteranen müssen selbst die Veteranen des alten Napoleon erblassen. (Großer Beifall.) Und die Mütter nnd Schwestern, welche auf den Hügeln und in den Thälern, den Städten und auf dem Lande wohnen, werden tapferere Männer umarmen und wieder an ihr Herz drücken, als je in den europäischen Kriegen gefochten haben. Der Grund liegt augenscheinlich auf der Hand. Geld oder die Sucht nach Ruhm fügten jene Armeen zusammen, oder sie wurden zusammengelesen, um gewisse Königsthrone oder Dynastien zu unterstützen; aber diese Armeen, welche er in's Dasein rief, fochten für Freiheit, für die Union und für das Recht der Selbstregierung; und viele fühlten, daß diese Schlachten gewonnen wurden für die Humanität, überall und zu allen Zeiten; denn ich glaube nicht, daß Gott es zuließ, daß diese schreckliche Rebellion über unser Land kam nur als eine Züchtigung für uns oder eine Zuchtruthe unseres Zeitalters. Es gibt Augenblicke, welche Ewigkeiten in sich einschließen. Es gibt Momente, welche Keime zu enthalten scheinen, die aufsproßen und für immer blühen sollen. Solch' ein Augenblick kam in der Fluth der Zeiten über unser Land, wenn eine Frage mußte beantwortet werden — die Macht, die ganze Erde zu bewegen. Der Streit war für menschliche Freiheit, nicht allein aber für diese Republik; nein, nicht nur für diese Union, sondern zu entscheiden, ob das Volk, als ein Volk in seiner ganzen Majestät, als Regierung bestimmt sei, oder ob es sollte Tyrannen und Autokraten unterwürfig sein und sein gebeugter Nacken als deren Fußschemel dienen.

„Dieses ist die große Frage, für welche wir gestritten und gefochten haben, und die Entscheidung liegt klar auf der Hand; und die Folgen dieses Krieges werden ihre Wirkung auf die kommenden Zeitalter nicht verfehlen. Und wenn erfolgreich, werden sich Republiken über die ganze Erde verbreiten, trotz Monarchen und Tyrannen! (Ausrufe wie: „Amen!" „Gott sei gedankt!")

„Ich wende mich von unserer Land- auf unser. See-Macht. Was war sie, wenn der Krieg ausbrach? Wir haben jetzt unsere Kriegsschiffe zu Hause, auf hoher See und an den Küsten fremder Nationen, bewachend die Kaperschiffe der Rebellen in ihren Häfen, als auch um unsere heimathlichen Küsten gegen fremde Anfälle zu schützen. Wir haben mit unserer Flotte Festungen erobert, die Militärpersonen für uneinnehmbar hielten; sogar ein tapferer Admiral zum ersten Male in der Weltgeschichte band sich an der Spitze eines Mastes fest, und blieb dort so lange, bis ihn seine Kräfte verließen, um über sein Schiff zu wachen, welches im schrecklichen Kampfe begriffen war, die starken Festungswerke des Feindes einzunehmen.

Jetzt laßt uns einen Blick auf unser Schatzamts-Departement werfen. Wo sollte das Geld herkommen? Weise Männer sagten Ruin voraus; aber unser nationaler Credit ist aufrecht gehalten und unsere Banknoten sind heute sicherer wie jemals vorher. Nicht allein so, sondern durch unsere Nationalpapiere, wenn ordentlich gebraucht, werden wir eine immerwährende Basis für Currentgeld und eine wünschenswerthe Anleihe für die Capitalisten anderer Nationen haben, daß unter dem Handelsgesetze, wie ich glaube, der Hauptpunkt des Bankgeschäfts von England nach Amerika gebracht werden wird.

Aber die größte Handlung dieses großen Mannes, auf welcher sein Ruhm noch lange ruhen wird, wenn sein Leib schon längst im Grabe wird vermodert sein, ist diejenige, welche einem ganzen Menschengeschlechte Freiheit gab. Es ist uns Allen gelehrt worden, heilige Männer zu verehren. Wir haben an Moses gedacht, an seine Macht, die Auszeichnung, die er der Sittenlehre verlieh, und wie sein Name jetzt hoch angeschrieben steht zwischen den Namen im Himmel und wie er drei Millionen seines Geschlechts aus den Ketten der Egyptier befreite; und doch können wir behaupten, daß Abraham Lincoln durch seine Proclamation mehr in Ketten gefesselte Menschen befreite, als Moses je frei setzte, und diese Menschen waren weder seiner Abstammung noch von seiner Race. So eine Macht oder Gelegenheit wurde selten einem Sterblichen verliehen. Wenn andere Ereignisse schon längst sind vergessen, wenn die Erde schon wird ein Netzwerk von Republiken sein, wenn jeder Thron von dem Angesichte der Erde verschwunden ist, wenn Literatur den Verstand aller Menschen erleuchtet hat; wenn die Forderungen der Humanität überall anerkannt werden, dann wird diese Handlung noch auf den Seiten der Weltgeschichte leuchten und wir danken Gott, daß er Abraham Lincoln die Gnade und Weisheit verlieh, eine Proclamation niederzuschreiben, welche hoch über anderen Schriften steht, die der Feder gelehrter Männer entflossen. (Beifall.)

„Abraham Lincoln war ein guter Mann; er war bekannt als ein aufrichtiger, nüchterner und zum Vergeben geneigter Mann; ein gerechter Mann; ein Mann mit einem edeln und liebevollen Herzen. Ueber seine religiösen Meinungen kann ich nicht genau sprechen, weil ich nicht privilegirt war, viel über seine persönlichen Meinungen zu wissen. Meine Bekanntschaft mit ihm gab mir keine Gelegenheit, ihn über diesen Gegenstand sprechen zu hören. Dieses weiß ich aber, daß er oft die hl. Schrift las und sie wegen ihrer großen Wahrheiten und tiefen Lehren sehr liebte. Er glaubte an Jesus Christus, den Erlöser der Sünder, und ich glaube, es war sein innigster Wille und Vorsatz, seinen Lebenslauf nach den Grundsätzen der offenbarten Religion einzurichten. Ja gewiß, wenn jemals ein Mann lebte, der in vielen Hinsichten als ein Beispiel dastand, jener Mann war unser hingeschiedener Präsident. Durchschauet alle seine Reden; höret auf seine Ausdrücke. Er sprach niemals bösartig über jemanden; nicht einmal zu den Rebellen sprach er Worte des Zornes, und der letzte Tag seines Lebens zeigte auf sonderbare Weise, wie sehr er zum Verzeihen geneigt war. Am Nachmittag kam eine telegraphische Nachricht ein, daß Thompson und Tucker es versuchten, ihre Flucht durch Maine zu bewerkstelligen und ob man sie in Verhaft nehmen solle. Herr Lincoln zog es aber vor, daß man sie ruhig laufen lassen sollte. Er suchte das Leben derselben Männer zu retten, welche seinen Untergang geschworen hatten, und diesen Morgen lesen wir eine Proklamation, welche $25,000 als Belohnung bietet für die Gefangennahme dieser beiden Männer, als Theilnehmer und Helfer der Ermordung. So daß er in den letzten Handlungen sagte: „Vater! vergib ihnen; denn sie wissen nicht, was sie thuen!"

„Auf die Adresse einer religiösen Körperschaft antwortete er: „Gott sei Dank, welcher uns in unsern nationalen Heimsuchungen und Trübsalen Kirchen gibt!" Einem Geistlichen, welcher sagte: „er hoffe, daß der Herr auf unserer Seite sei," gab er zur Antwort, daß er nicht besorgt sei, ob der Herr an unserer Seite wäre oder nicht, „denn" sagte er, „ich weiß, daß der Herr immer auf der Seite des Rechtes sei," und mit tiefer Rührung setzte er hinzu: „Gott soll mein Zeuge sein, daß es mein stündiges Gebet und Flehen ist, daß beide, sowohl ich als diese Nation, auf der Seite des Herrn sein möchten!

„Im Allgemeinen gesprochen, zweifle ich, ob je ein Präsident so viel Vertrauen auf Gott zeigte, oder je in öffentlichen Schriften so viel auf die göttliche Hülfe hinzeigte. Oefters drückte er gegen Freunde oder Delegationen die Bemerkung aus, daß seine Hoffnung auf Erfolg in der Ueberzeugung ruhe, daß Gott unsere Anstrengungen segnen werde, weil wir suchten, recht zu thun."

„In seinem häuslichen Leben war er äußerst wohlwollend und liebevoll. Er war ein treuer Ehegatte und Vater. Während seines ersten Präsidenten-Termines verlor er seinen zweiten Sohn Willie. Zu einem Officier der Armee sagte er nicht lange zurück: „Finden Sie sich jemals mit den Todten redend?" und setzte hinzu: „Seit Willie's Tode, finde ich mich unwillkürlich mit ihm redend, als ob er noch bei mir wäre."

„Für seine betrübte Wittwe, der es nicht möglich ist, gegenwärtig zu sein, kann ich nur um den Segen des allmächtigen Gottes und liebevollen Vaters bitten, auf daß sie getröstet und erhalten werde. Alles was ich für seinen Sohn, der dieser Begräbnißfeier mit beigewohnt hat, wünschen kann, ist, daß der Mantel seines Vaters auf ihn fallen möge! (Ausrufe wie „Amen.")

„Lasset uns einen Augenblick bei der Lehre dieser Stunde verweilen, ehe wir uns trennen. Dieser Mann, obgleich er durch die Hand des Mörders fiel, fiel dennoch durch die Alles zulassende Hand Gottes. Er that es aus einem weisen Grunde, daß er ihn fallen ließ. Was konnte er mehr verlangen als sein Leben? Waren nicht seine Ehren voll? Es gab keine höhere Ehrenstelle, nach welcher er streben konnte. Das Herz des Volkes hing an ihm, wie es an keinem andern Manne gehangen hatte. Die Nationen der Erde hatten es gelernt, unsern Präsidenten zu verehren. Wenn die Gerüchte einer gewünschten Alliance mit England wahr sind, zitterte Napoleon, wenn er den Fall Richmonds hörte, und fragte, welche Nation sich mit ihm verbinden wolle, um ihn gegen unsere Regierung zu schützen.

„Der Ruhm außer der Leitung eines solchen Mannes war voll; sein Werk war vollbracht, und er siegelte seine Glorie dadurch, daß er der Nation großer Märtyrer für Freiheit wurde.

„Es scheint, daß er früh in seinem politischen Leben eine fremdartige Vorahnung hatte, daß er eines Tages Präsident sein werde. Man sieht es angezeigt im Jahre 1832. Ueber die Sklaverei sagte er: „Ich mag vielleicht auch dadurch vernichtet werden; aber beugen werde ich mich nicht. Die Möglichkeit eines Fehlschlagens unserer Bemühungen sollte uns nicht abhalten, eine Sache zu unterstützen, welche wir edel und recht finden. Es soll mich nie abhalten. Wenn ich je meine Seele in mir sich erheben und zu solcher Größe ausdehnen fühle, welche nicht ganz unwerth ist ihres allmächtigen Schöpfers, so ist es, wenn ich das Wohl meines Landes bedenke. Verlassen von der ganzen Welt, und hier kühne und allein stehend, und Verachtung gegen ihre siegreichen Unterdrücker schleudernd; hier, ohne die Folgen zu bedenken, vor den Hochgeborenen und dem Angesichte der Welt, schwöre ich ewige Treue der gerechten Sache, für welches ich sie halte, des Landes meines Lebens, meiner Freiheit und meiner Liebe!" Und doch sagte er mehreren als einem im Geheimen: „Ich werde nie die vier Jahre meines Termins überleben. Wenn die Rebellion unterdrückt ist, habe ich mein Werk vollbracht." Und so war es. Er lebte lange genug, um die letzte Schlacht zu sehen und einen Bericht in dem Hause des Jefferson Davis zu dictiren; er lebte bis die Macht der Rebellion gebrochen war und das Sternenbanner wieder über Richmond und Fort Sumter wehte, und dann, als er das Werk, zu welchem ihn Gott geschickt, vollbracht hatte, kamen, wie ich hoffe, Engel, um ihn vor einem Augenblick Schmerzen zu bewahren nnd ihn aus diesem Thale der Trübsale in jene hohen und glorreichen Höhen zu tragen, wo der Gute und Fromme leben wird in alle Ewigkeit.

„Sein Beispiel lehrt jungen Männern, daß jede Ehrenstelle offen ist für den fleißigen, den werthen und thätigen Mann des Landes. Sein Beispiel regt das Land an, sich auf Gott zu verlassen und zu thun, was recht ist.

„Wie wir heute bei seinem Sarge und Grabe stehen, so lasset uns den festen Entschluß fassen, das, was er so edel angefangen hat, fortzuführen und zu Stande zu bringen. Lasset uns gerecht handeln gegen Jedermann. Lasset uns im Angesichte des Himmels versprechen, jede Wurzel oder Keim der menschlichen Sklaverei auszurotten; jedem menschlichen Wesen seine wahre Stellung vor Gott und den Menschen zu geben; jede Art von Empörung, Aufwiegelung und Rebellion standhaft und tapfer mit willigem Herzen zu unterdrücken, und der glorreichen Fahne tapfer zur Seite zu stehen, welche Gott unserem schönen Lande gegeben hat. Wie freudig und fröhlich war es, daß sie über einen Theil eines jeden Staates wehete, ehe Herr Lincoln seinen Lebenslauf beschloß.

„Wie sonderbar ist es, daß des Mörders Fuß sich in den Falten der Fahne fing und diesem Umstande sind wir vielleicht seine Gefangennahme schuldig. Unser Banner und Verräther müssen immer Feinde sein.

„Verräther werden vielleicht durch diesen Präsidenten-Wechsel leiden; denn derjenige, welcher von härterer Natur ist und durch diese Rebellion selbst viel gelitten hat, trägt jetzt in seinen Händen das Schwert der Gerechtigkeit.

„Auch unser Land ist jetzt stärker. Eine Republik wurde von Monarchen zu schwach gehalten, um Bürgerkrieg auszustehen. Und dennoch haben wir die größte Rebellion, welche die Annalen der Weltgeschichte aufweisen kann, zerschmettert, und sind jedes Jahr während des Kampfes an Strenge und Bevölkerung gewachsen. Wir gingen durch eine große, allgemeine Wahl, während Schwerter und Bajonette im Felde waren, und wir kamen daraus unverletzt hervor.

„Und jetzt in einer Stunde der Aufregung, eine große Minderzahl einen andern Mann vorziehend, streckte die Kugel des Mörders unsern Präsidenten darnieder. War eine Meuterei vorhanden? Hat irgend ein Nebenbuhler seine Forderungen in Anspruch genommen? Nicht von einer Armee von beinahe einer Million, weder ein Officier noch ein Soldat stieß eine Silbe der Unzufriedenheit aus; und in ein oder zwei Stunden nach dem Tode Abraham Lincoln's saß ein anderer Führer, mit der Macht der Constitution in seiner Hand, in seinem Stuhle und die Regierung nahm ihren gewöhnlichen Fortgang ohne anzustoßen oder stille zu stehen. Die Welt wird lernen, daß Republiken die stärksten Regierungen der Erde sind.

„Den nach Ehren trachtenden liegt diese gefährliche Lection vor: Von den vier Candidaten für die Präsidentschafts-Ehre im Jahre 1860, zwei ruhen, Douglas und Licoln, damals Concurrenten und Parteigegner — aber jetzt schlummernde Patrioten — von ihren Arbeiten im kühlen Grabe aus; Bell ging in Armuth und Elend zu Grunde, als ein Verräther gewöhnlich zu Grunde geht und Breckinridge ist ein vor Furcht zitternder Flüchtling, mit dem Brandmale eines Verräthers auf seiner Stirne.

„Und jetzt, meine Freunde, lasset uns mit den Worten des Hingeschiedenen mit „„mit Haß gegen Niemand"" frei von aller persönlichen Rache, dennoch glaubend, daß das Schwert nicht umsonst gezogen ist, voranschreiten, wenn auch in schmerzlicher Pflicht. Lasset jeden Mann, welcher ein Senator oder Repräsentant im Congresse war, und dieser Rebellion ihren Schutz liehen, so, daß unseres Landes schönste Zierde abgeschlachtet und verkrüppelt wurde, seine rasche und gewisse Strafe erhalten. Lasset jeden Offizier, der auf öffentliche Kosten erzogen wurde und zu Stellungen vorgerückt war und hernach meineidig wurde und sein Schwert gegen das Leben seines Landes wendete, verurtheilt sein, den Tod eines Missethäters zu sterben. Dieses ist, wie ich glaube, der Wille des amerikanischen Volkes. Männer werden vielleicht versuchen, dieses auf gütigem Wege bei Seite zu bringen und diese Verräther und Mörder der Gesellschaft zurück zu geben; aber das amerikanische Volk wird sich in seiner Majestät erheben und solche Verträge und die Urheber solcher Verträge wegschleudern und wird erklären, daß kein Friede für Rebellen sein wird!

„Aber den irregeführten und getäuschten Massen werden wir die Hand der Versöhnung reichen. Wir werden sie zu unserem Herzen zurücknehmen. Wir werden einander zur Seite gehen, wie wir voranschreiten, eine glorreiche und friedliche Zukunft zu Stande zu bringen. Die Zeit wird kommen, wenn wir mit den schönen Worten dieser für alle Ewigkeit geschlossenen Lippen sagen können: „„Die geheimnißvollen Saiten unseres Gedächtnisses, welche sich von jedem Schlachtfelde zu dem Herzen eines jeden Patrioten erstrecken, werden eine süßere Musik von sich geben, wenn sie berührt werden von den Engeln unserer besseren Natur.""

Nachdem der Bischof Simpson zurückgetreten war, opferte Dr. Harley das Schlußgebet auf. Auf dieses folgte das Sterbegebet: „Ruhe, betrübte Seele;" dann folgte ein von Dr. P. D. Gurley gesprochener Segen und zuletzt kam noch eine Todtenhymne, welche eigens von Dr. Gurley verfaßt ward. Sie waren ungefähr folgenden Inhaltes:

„Edler Märtyrer! ruh' in Frieden
Mit den Tapfern; schlummere wohl!
Welche so wie Du hinieden
Fielen für der Freiheit Wohl.

„Von Deinem Namen wird man sagen
Nach schon lang' verschwundener Zeit:
„„Er rettete sein Land von Plagen
Und hat den Sklaven auch befreit.""

„Dieses soll Dein Denkmal geben,
Besser als von Erz und Stein,
Dein Name, der wird dadurch leben
Unerreichet und allein.

„Dieser heil'ge Platz wird werden
Der Freiheit immer werth,
Von deren Söhnen hier auf Erden
Dein Name wird verehrt.

„O, Gott! Die wir den braven Mann
Beweinen hier in Zähren,
Gib, daß die Sach', für die er starb,
Wir alle Zeit verehren!

„Wie ein Stern aus bessern Welten
Schien uns dieser edle Mann,
Und wir können's nicht vergelten
Was er hat für uns gethan!

„Er starb; wir gruben ihn hier ein,
Und er ward der Erd' zurückgegeben;
Doch leise wehet hier um sein Gebein
Ein süßes Ahnen von dem ew'gen Leben!"

Nachdem die Leichenfeierlichkeiten vorüber waren, zerstreuete sich langsam und traurig mit beklommenem Herzen die Menschenmenge, wohl erwägend, welchen Mann sie zu Grabe geleitet hatten, nach allen Richtungen hin, die Schritte ihrer Heimath zuwendend.

Friede seiner Asche!

Abraham Lincoln.

Eine Ode.

Ein schönes Gedicht von R. H. Stoddard, betitelt: „Abraham Lincoln," eine Ode, ist soeben in New-York publizirt worden.

Die Verse beschreiben die große Leichenprozession durch die Staaten und sind der großen Begebenheit würdig. Zu Deutsch lauten sie ungefähr wie folgt:

Friede! Es kommt die große Prozession;
Denn horcht! Der Trommel dumpfwirbelnder Ton —
Der Trompete fernes Klagen —
Und schaut! Der schreckliche Wagen!

Friede! Lasset den hehren Leichenzug wallen
Während Geschütze donnern und Glocken schallen.
Und geh', du geheiligter Wagen,
Unser Leid zu Grabe zu tragen!

Geh' traurig gezogen von Staat zu Staat,
Wo harret manch' treue und weinende Stadt,
Zu ehren, so viel sie kann
Die Asche von diesem guten Mann.

Geh', begleitet von einem Gefolge von Menschen,
Für welches Könige möchten zu sterben wünschen;
Gerechte Männer, voll Ruhm und Ehr',
Stehen um Dein Grab umher.

Und Ihr, die nicht in Schlachten starben,
Ihr Tapfern! Die Stirn besäet mit edlen Narben:
„Präsentirt noch einmal das Gewehr
Vor Eurem todten Commandeur!"

(Wenn Gerechtigkeit das Schwert wird ziehen
Und Gnade aus ihrer Hand wird fliehen,
Und würden wir's auch selbst nicht wollen
Sie müßte doch den Hammer fällen.)

So, süß und traurig und in ernster Ruh'
Geht der Gefallene seinem Grabe zu;
Nicht unter einem Dome, hehr,
Nein, in bescheid'ner Heimath ruhet er.

Der Kirchhof, der seiner Kinder Asch' enthällt,
Der stille Platz am besten ihm gefällt;
Dort grub man ihm ein kühles Grab
Und ließ seine Leich' zur Ruh' hinab.

Hier seine Landsleut' werden kommen
Mit Gedächtniß stolz, vor Schmerz verstummen,
Und Fremde aus der Näh' und Fern'
Werden weilen an seinem Grabe gern.

Die Geschichte wird für lange Zeiten
Für manches Jahr auf ihre Seiten
Die Thaten schreiben ohne Hehl
Dieser väterlichen Seele!

Der Prozeß der Verschworenen.

Die Einleitungen

Gleich nach der Gefangennahme der Hauptverschwörer traf man Vorbereitungen, sie vor ein Kriegsgericht zu stellen. Diese Verfahrungsweise rief ziemlich viel Unzufriedenheit zwischen denen hervor, deren Loyalität nicht in Frage gestellt werden konnte; aus dem Grunde, daß man zu dieser Prozessirungsmethode nur seine Zuflucht nehmen sollte und das nur sehr selten, während der Existence eines aktiven Krieges und wo Gerechtigkeit auf keine andere Weise ausgeübt werden könne, wie zum Beispiel in jenen Staaten, wo die Pflichten der Civilbehörden suspendirt waren; aber sie stritten, daß mit der Uebergabe Lee's und Johnston's die Feindseligkeiten geendet hätten; und daß, wenn sie auch nicht sich übergeben hätten, Gerichte im Distrikt Columbia vorhanden waren, und ein Geschworenen-Gericht hätte leicht ernannt werden können; deswegen war ein bürgerliches Gericht die ordentliche Methode, die Missethäter zu prozessiren und zu strafen, welche durch ihren niederträchtigen Mord eine Nation in Trauer versetzt hatten. Solche der leitenden Organe der öffentlichen Meinung, die sich dem Verfahren der Regierung nicht widersetzten, schwiegen entweder still oder rechtfertigten sanft dieses Zufluchtnehmen zum Militärgesetze, aus einer eingebildeten Nothwendigkeit; aber es war nicht schwer zu sehen, daß sie es vorgezogen hätten, wenn ein ordentliches Gesetz seinen Fortgang genommen habe.

Aber wenn der Prozeß vor einem Kriegsgerichte schon Unwillen hervorrief, war er doch gering, im Verhältniß mit dem, welcher gegen eine geheime Prozessirung desselben Tribunals losbrach; denn im Anfange wurden die Thüren des Gerichtssaáles geschlossen und man verstand, daß das Publikum gar nicht hinzugelassen werden solle, und daß nur solche Theile des Zeugnisses veröffentlicht werden sollten, als das Kriegsdepartement für räthlich halte.

„Es würde in jeder Hinsicht besser gewesen sein," fühlte sich sogar die New-Yorker Times veranlaßt zu sagen, „wenn diese Untersuchungen vor den gewöhnlichen Gerichtshöfen des Landes in Gegenwart des Volkes hätten gehalten werden können," und die Tribune fragte: „Welchen Grund und welche Entschuldigung kann man vorgeben, um die Sendung dieses Falles vor ein Kriegsgericht und eine geheime Prozessirung desselben zu rechtfertigen? Wie kann ein solcher Prozeß sich mit den gemeinen Verordnungen der Constitution vertragen?" Und fast jede loyale Zeitung nahm einen gleichen Standpunkt ein, in Hinsicht dieses Falles. Fast Alle sprachen sich dahin aus, daß, da der Krieg nun zu Ende sei, dessen nothwendige Begleiter, wo auch immer die Feindseligkeiten sein möchten — Militär-Commissionen — auch aufhören sollten.

Dessen ungeachtet ließ die Regierung die Untersuchungen durch ein Kriegsgericht vornehmen, sich dadurch rechtfertigend, daß das Verbrechen der Mord des Oberanführers der Vereinigten Staaten Armeen sei, und stattgefunden habe in den Mauern einer befestigten Stadt; und die Heimlichkeit beschränkte sich, wie man nachher ausfand, auf das Zeugniß einiger Zeugen, welche geneigt waren und es in ihrer Macht hatten, die Theilnahme gewisser Personen zu offenbaren, welche gefangen zu nehmen oder von fremden Mächten zu fordern, vielleicht unvorsichtig wäre; und auch um Zeugen zu schützen, welche vielleicht durch ihre Enthüllungen in Lebensgefahr kommen würden, wenn sie solchen begegneten, welche sie angegeben hatten.

Ob nun diese Gründe eine genügende Rechtfertigung war oder nicht, wird die Zeit und das Volk entscheiden. Nach den Gesetzen des Distriktes Columbia haftet auf solchen Verbrechen, deren die Angeklagten schuldig sind, die Todesstrafe; und eine Grand Jury würde auf alle die geheimen Zeugnisse gehört und Anklagen gegen Alle mit dem Falle in Verbindung stehenden gefunden haben; aber die Regierung beschloß, die Verbrecher vor ein Kriegsgericht zu stellen; und wie summarisch solch ein Prozeß auch immer sein mag, das Volk wird kaum sagen, daß ein einziger Theilnehmer an dieser großen Missethat mehr als volle Gerechtigkeit erhielt. Es ist wenig Gefahr vorhanden, daß dieser Fall wird jemals als ein Formular gebraucht werden, weil ein gleiches Verbrechen unter gleichen Umständen, da die Regierung jetzt über alle ihre Feinde triumphirt hat, nicht nur eine Unwahrscheinlichkeit, sondern fast eine Unmöglichkeit ist.

Die Order, welche das Gericht zusammen rief, wurde am ersten Mai bekannt gemacht und es wurde angegeben, daß die Untersuchung statt finden sollte in einem Zimmer des alten Penitentiary-Gebäudes, nahe bei den Zellen der Gefangenen, damit diese keine Gelegenheit hätten, zu flüchten, während sie in den Händen der Wache en route von einem Platze zum andern sich befanden. Der Achtb. John A. Bingham und Brevet-Oberst Burnett agirten als Judge-Advokaten oder Anwälte, und die ersten Assisen wurden am 9. Mai gehalten; aber es wurde nichts gethan bis zum nächsten Tage, als die Examination der Zeugen ihren Anfang nahm.

Das geheime Zeugniß.

Mehrere Personen wurden examinirt, ehe die Thüren geöffnet wurden, aber ihr ganzes Zeugniß wurde hernach der Oeffentlichkeit übergeben. Aber der Inhalt der Zeugnisse dieser Zeugen war schon den Behörden eine geraume Zeit bekannt gewesen, indem man es durch mehrere Offiziere erhalten hatte, welche angestellt waren, die Schuldigen ausfindig zu machen und welche durch eine offizielle Proklamation ein „Bureau der militärischen Gerechtigkeit" genannt wurden — da durch unseren Feinden zu

Hause und in der Ferne eine Phrase gebend, worauf sie anspielen konnten mit der Aussicht, unsere Nation und Regierung gehässig zu machen. Aber der Verstand des amerikanischen Volkes ist ein solcher, welcher es fähig macht, den Schatten von der Wirklichkeit zu unterscheiden, und die gebrauchte Waffe fiel harmlos zu den Füßen der öffentlichen Meinung. Diese Entdeckungen wurden den Geheimpolizisten spät im April oder anfangs Mai gemacht, und am dritten des letzteren Monats veröffentlichte der Präsident eine Proklamation, in welcher er Belohnungen für die Gefangennahme der angeklagten Personen anbot, nämlich: Für Jeff. Davis $100,000; für Jakob Thompson, Clement C. Clay und Georg N. Sanders $25,000 jeden und für Wilhelm C. Clery $10,000; und das Zeugniß gegen jede der genannten Personen wurde nach Europa geschickt, als eine Basis der Forderung ihrer Herausgabe.

Diese Proklamation verursachte eine große Aufregung, sowohl durch das ganze Land, als auch in Canada, wo sich mehrere der angeklagten Personen befanden; und Alle, nur Davis selbst ausgenommen, antworteten auf gewisse Weise, indem sie alle Bekanntschaft mit Booth und ja sogar ihr Wissen van dem Dasein einer solchen Person leugneten. Hätten sie diese letzte Behauptung nicht gemacht, würde das Volk mehr Vertrauen auf ihr Leugnen, mit dem Verbrechen Genossenschaft gehabt zu haben, gehabt haben; aber daß Männer, welche ihr ganzes Leben hindurch in Städten gelebt hatten und den größten Theil desselben im öffentlichen Leben gewesen waren, über die Existenz eines Schauspielers nichts zu wissen vorgaben, welcher Jahre lang im Lande gespielt hatte und ja sogar ein Mitglied der bekannten Familie Booth war — war so unwahrscheinlich, daß diese Erklärung natürlicher Weise Verdacht auf die Glaubwürdigkeit ihres Leugnens warf.

Diese Beweise wurden zuletzt veröffentlicht und rechtfertigte vollständig die Handlungsweise der Regierung. Die Hauptzeugen waren drei an der Zahl — Sandford Conover, James B. Merritt und Richard Montgomery, welche Alle eine Zeitlang in Canada gewesen und mit den dort von den Rebellen gesandten Emissären sehr gut bekannt gewesen waren. Herr Conover war Sekretär im Kriegsdepartement zu Richmond gewesen, nachdem er vorher in die Armee conscribirt war; und während seines dortigen Aufenthaltes hatte er eine günstige Gelegenheit, die geheimen Bewegungen und Anschläge der Davis-Regierung zu beobachten und über dieselben unterrichtet zu werden; diese Erfahrungen brauchte er nach seiner Flucht, um Neuigkeiten für Publikationen zu erhalten, da er als Correspondent der New-Yorker Tribune engagirt war. Er pflegte den Umgang mit Rebellenemissären, und durch seine genaue Bekanntschaft über den Stand der Dinge in Richmond brachte er es dahin, ihr Vertrauen zu erlangen und mit ihren teuflischen Anschlägen bekannt zu werden, welche er hernach alle entdeckte.

Er bezeugte, daß er am 6ten oder 7ten April Surratt, einen Sohn der Mad. Surratt, einen der Gefangenen auf der Bank, sah, in Gesellschaft mit Thompson, Sanders und Booth. Zu der Zeit überreichte er Thompson in seinem Zimmer und in Gegenwart von Zeugen Berichte von Richmond, zu Thompson von Benjamin und Jeff. Davis; der letztere entweder ein Ziffern-Bericht oder ein Brief. Eine Zeit vorher sprach Thompson mit Conover über das Subject der Verschwörung, den Präsidenten Lincoln und sein Cabinet zu ermorden, worüber eine Bemerkung vor der Ermordung in der New-Yorker Tribune gegeben wurde, der Zeitung, für welche er correspondirte. Er wurde von Herrn Thompson eingeladen, an dem Unternehmen Theil zu nehmen. Als Surratt diese Depesche von Jeff. Davis übergab, legte Thompson seine Hand auf die Papiere und sagte, hinweisend auf die Ermordung und die Zustimmung der Rebellenbehörden: „Dieses macht die Sache richtig." Die Depeschen sprachen über die zu mordende Personen: Herr Lincoln, Herr Johnson, der Kriegssekretär, der Staatssekretär, Richter Chase und Gen. Grant. Herr Thompson sagte bei der Gelegenheit, oder am Tage vor der Zusammenkunft, daß die vorgehabte Ermordung die Regierung der Vereinigten Staaten ganz und gar ohne Oberhaupt lassen würde, und daß in der

Constitution keine Verordnungen seien, nach welchen sie einen anderen Präsidenten erwählen könnten.

Herr Thompson, überrascht, daß die Regierung Nachricht über den vorgehabten Raid nach Ogdensburg erhalten habe, und welche der Zeuge selbst heimlich überbracht hatte, sagte ihm in einer Unterredung: „Wir werden sie noch im Schlafe fangen" und setzte hinzu: „Hier ist eine gute Gelegenheit, sich unsterblich zu machen und Ihr Land zu retten," meinend die Conföderation, und Zeuge fragte ihn, was zu thun sei. Er antwortete: „Einige von unseren Jungen (boys) wollen einen großen Spaß an Abe und Andy spielen," welches, wie er sagte, war, sie zu tödten; seine Worte waren „sie aus der Office zu entfernen," und er sagte, daß das Tödten eines Tyrannen kein Mord sei; daß er die Commission zu dieser Arbeit von den Militärbehörden und eine Booth überreicht habe oder es werde; daß Jeder, der mit dem Unternehmen in Verbindung stehe, seine Commission habe, und daß, wenn sie nach Canada flüchteten, man sie nach dem Auslieferungsbündnisse nicht erfolgreich fordern könne.

Diese Dokumente waren in Blank und unterschrieben von James A. Seddon, dem Kriegssekretär der Rebellen, und es war eines von denen, hinter welchen die St. Alban's Raiders und Lake Erie Piraten Schutz zu finden hofften, und Jeff. Davis übernahm, wie wohl bekannt ist, die Verantwortlichkeit der daraus entstehenden Folgen.

Cleary machte am Tage vor der Ermordung zu Conover die Bemerkung, daß sich die Unionleute jetzt über den Fall Richmonds freueten, daß sie aber in ein oder zwei Tagen „auf der andern Seite des Gesichtes lachen würden" — hindeutend auf die Ermordung, während Sanders den Zeugen fragte, ob er Booth kenne und ob Gefahr vorhanden sei, daß er eine „Fratze" aus dem beschlossenen Morde mache.

Es lag ein Vorschlag vor den Agenten dieser Rebellen in Canada, den Croton Damm zu zerstören, wodurch die Stadt New-York mit Wasser versehen wird. Es würde nicht allein Fabriken Schaden zufügen, sondern auch das ganze Volk in Verlegenheit setzen. Mr. Thompson bemerkte, daß man Macht genug besitze und daß die Stadt durch eine allgemeine Feuersbrunst würde leicht zerstört werden und, wenn man eher daran gedacht hätte, ein mancher Hals gerettet worden wäre. Dieses wurde wenige Wochen vor seiner Zeugnißablegung gesagt. Thompson, Sanders, Castleman und Gen. Carroll waren gegenwärtig. Sie hielten sowohl Waffen, als auch eine große Anzahl Männer verborgen, in Chicago ungefähr achthundert Mann, um die Rebellengefangenen aus den dortigen Gefängnissen frei zu machen.

Jener Dr. Blackburn, welcher in Nassau angeklagt wurde des Versuches, das gelbe Fieber in dieses Land zu importiren, ist dieselbe Person, auf welche man hinwies als einen nahen Bekannten von Thompson in Canada. Zeuge sah ihn in Gesellschaft mit G. N. Sanders, Castleman, Wm. C. Cleary, Porterfield, Captain Magruder und einer Anzahl anderer Rebellen von weniger Bedeutung. Blackburn erkannte man als einen Agenten der Conföderirten Staaten und für solchen gab er sich aus. Im letzten Januar engagirte Docter Blackburn einen Mann, Cameron mit Namen, um ihn zu begleiten, und um das gelbe Fieber in den nördlichen Städten einzuführen, wie die Städte New-York, Philadelphia, und Washington. Er ging letzten Herbst ungefähr ein Jahr zurück von Montreal nach Bermuda, um die mit dem gelben Fieber behafteten Zeuge zu bekommen, und Zeuge sah ihn nach seiner Rückkehr in Canada und hörte Jakob Thompson und Wm. C. Cleary sagen, daß sie den Plan begünstigten und daß sie viel Interesse an demselben hätten. Dieses war im letzten Januar.

Ungefähr zur selben Zeit, zu welcher man den Croton Damm zerstören wollte, schlug Dr. Blackburn vor, die Wasserbehälter zu vergiften und machte eine Berechnung über die Masse der giftigen Stoffe, wie viel es dessen nehmen würde zur Ansteckung des Wassers, damit ein gewöhnlicher Trunk giftig und den Tod bringend sei.

Zeuge sah auch Stewart Robinson, wohnhaft in Toronto, der vormals in Kentucky eine Zeitung herausgab, mit Thompson und Blackburn, und er war gegenwärtig, wenn diese Pläne besprochen wurden, und er billigte dieselben. Er sagte, irgend Etwas, welches unter dem Himmel gethan werden könne, würde sie unter den Umständen rechtfertigen. Drei oder vier Tage nach der Ermordung des Präsidenten war John H. Surratt in Canada mit Porterfield, einem südlichen Rebellen, jetzt von dem Canadischen Parlamente als ein Brittischer Unterthan erklärt. Surratt wurde in Verdacht gezogen und verfolgt, hatte sich aber auf und davon gemacht.

Der zweite Zeuge, Mr. Merritt, war ein Arzt, und war im Oktober 1864 in Toronto, wo er Young, einem Kentucky Rebellen und Oberst Steele von demselben Staate begegnete. Young sagte zum Zeugen: „Wir haben etwas vor, welches viel wichtiger ist, als „Streifzüge.“ Er sagte, daß es beschlossen sei, daß „Old Abe“ niemals solle inaugurirt werden, daß sie genug Freunde in Washington hätten, und er nannte Lincoln einen verd—ten alten Tyrannen. Er (Merritt) sah hernach Georg N. Sanders und Oberst Steele beisammen. Oberst Steele sagte: „Der verd—te alte Tyrann wird niemals einen andern Termin im Präsidentenstuhle sitzen, wenn er wiedererwählt wird, und Sanders sagte zur selben Zeit, er würde sich sehr zusammen nehmen, wenn er noch einen Termin hindurch Präsident wäre.“ Im letzten Februar nannte Sanders in Montreal eine Anzahl Personen her, welche willig und bereit seien, den Präsidenten, Vice-Präsidenten, das Cabinet und einige der obersten Generäle aus dem Wege zu schaffen; und er setzte hinzu, daß Geld in Ueberfluß vorhanden sei, um diesen Entschluß zu vollführen — meinend die Ermordung der genannten Personen. Er las dann einen Brief vor, welchen, wie er sagte, er von dem Präsidenten der Conföderation erhalten habe, und welcher Brief ihn berechtigte, solche Vorkehrungen, als möglich wären, zu treffen, um den Plan zu Stande zu bringen.

Zu derselben Zeit war eine Zusammenkunft dieser Rebellen, und ein Brief wurde ihnen vorgelesen, dessen Hauptinhalt war, daß, wenn die Südlichen in Canada und den Staaten zufrieden seien, durch einen solchen Tyrannen als Lincoln regiert zu werden, er (Davis) kein Verlangen trage, sie als seine Freunde anzuerkennen, und daß er den Vorschlag billige, ihn (Lincoln) zu ermorden. Oberst Steele las den Brief, so auch Capitain Scott, Georg Young und Hill, welche alle Rebellen waren. Die Zusammenkunft war ungefähr Mitte des letzten Februar. Bei dieser Gelegenheit nannte Sanders einige Personen, welche die Ermordung zu vollbringen hatten, unter welchen auch J. W. Booth war. Sanders sagte, daß Booth das Herz und die Seele dieses Planes sei.

Am 5. und 6. April sagte Harper, daß sie nach den Staaten gingen, um „den verd—testen Lärm zu machen, den man je gehört habe;" er setzte hinzu: „daß, wenn er (der Zeuge) binnen zehn Tagen nicht den Tod „Old Abe's," des Vice-Präsidenten und General Dix vernehme, er ihn als einen verd—ten Narren herunter machen möge." Dieses war am 6. April. Er bezeichnete den Namen Booth's als einen von ihren dortigen Freunden; er sagte, sie hätten genug Freunde in Washington und daß fünfzehn oder zwanzig gingen. Er machte sich fertig mit andern so früh als den 8. April nach Washington zu gehen. Zeuge theilte diese Thatsachen einem Friedensrichter, Davidson mit Namen, mit, welcher dieselben nach der Ermordung unserer Regierung mittheilte. Harper kehrte nach der Ermordung nach Canada zurück. Der Zeuge hatte eine Unterredung im letzten Februar mit C. C. Clay in Toronto; er sprach über den Brief von Davis, welchen Sanders vorgezeigt hatte; er schien den Charakter des Briefes völlig zu verstehen und sagte, daß der Zweck die Mittel heilige. Surratt wurde zu Toronto im Februar ihm (Merritt) gezeigt, und er sah Booth dort zwei- oder dreimal und saß einmal im St. Lawrence Hotel mit ihm, Sanders, Scott und Steele zu Tische; sie unterhielten sich mit Booth und tranken Wein auf Sanders Rechnung.

Er sah auch Harrold im Februar in Canada.

Richard Montgomery, der dritte Zeuge, bezeugte, daß Jakob Thompson sagte, er habe Freunde der Conföderation in allen nördlichen Staaten, welche willig wären, irgendwo hinzugehen, und daß es in seiner Macht sei, den Tyrannen Lincoln und irgend welche von seinen Rathgebern zu irgend einer Zeit aus dem Wege zu schaffen, daß seine Freunde es nicht für ein Verbrechen halten würden, weil es zum Besten der südlichen Conföderation sei. Im Januar 1865 sagte Thompson zu Montreal, daß man einen Vorschlag gemacht habe, um die Welt von solchen Tyrannen, als Lincoln, Stanton, Grant und einigen andern, zu befreien; daß er wisse, daß die Männer, welche es vorgeschlagen, kühn, vermessen und fähig genug seien, irgend etwas zu vollbringen, welches sie unternehmen würden; daß er den Vorschlag begünstige, aber die Antwort beibehalte, bis er seine Regierung zu Richmond um Rath gefragt habe; daß er nur noch auf deren Bestätigung warte.

Der Zeuge war seit der Ermordung in Canada, und begegnete ein paar Tage nach derselben Beverly Tucker in Montreal. Er sagte, daß Mr. Lincoln seinen Tod schon lange verdient habe, und daß es schade sei, daß er nicht schon längst gestorben wäre und daß es zu schlimm sei, daß es ihren "Boys" nicht erlaubt gewesen wäre, zu gehen, wenn sie wollten.

Er hatte eine Unterhaltung mit Wm. C. Cleary und sagte ihm, was ihm Mr. Thompson im Januar mitgetheilt habe. Er sagte, daß Booth eine der Personen sei, auf welche Thompson verwiesen habe; er sagte auch, daß es zu schlimm sei, daß der ganze Plan nicht vollführt sei.

Thompson sagte, daß Cleary ein nahemündiger Mann sei. Cleary sagte auch: „Sie nehmen sich besser ein Bischen in Acht; wir sind noch nicht fertig." Er bemerkte, daß man sie nie unterwürfig machen werde, daß sie es niemals aufgeben würden. Diese Personen wußten, daß man sie wegen der Ermordung in Verdacht habe, deshalb zerstörten sie wenige Tage nachher eine große Anzahl Papiere, wie sie dem Zeugen selbst mittheilten.

Zeuge handelte als Geheimpolizist der Regierung in Canada und nahm den Namen James Thompson an, obgleich er ihn nie registrirte, sondern immer einen andern angab. Er sah die Ziffer (gefunden zwischen Booth's Effekten) in Mr. Clay's Hause zu St. Katharine im Sommer 1864.

Er trug Depeschen von Canada nach Gordonsville und erhielt eine Antwort, welche er zurücktrug; aber er ging jedesmal durch Washington und übergab die Depeschen der Vereinigten Staaten Regierung.

Außer diesem Jefferson Davis und andere Rebellenanführer anklagenden Zeugnisse, fand man Briefe zwischen den Archiven zu Richmond, welche in diesem Punkte entscheidend sind. Lieutenant L. W. Alston, welcher seinen Brief White Sulpher Springs, Virginien, datirt, schreibt zu Davis folgender Maßen: „Ich biete Ihnen jetzt meine Dienste an, und wenn Sie mich in meinen Unternehmungen begünstigen wollen, werde ich mich fertig machen, sobald als es meine Gesundheit zuläßt, mein Land von seinen tödlichsten Feinden zu befreien, indem ich nach dem Herzensblute derjenigen stoßen werde, welche dasselbe in Ketten der Sklaverei schmieden wollen. Ich halte nichts für unehrenhaft, welches eine solche Richtung hat. Alles, was ich wünsche, ist, daß Sie mir die nöthigen Papiere zukommen lassen, um zu reisen, während ich in den Grenzen dieser Regierung bin. Ich bin sehr bekannt mit dem Norden, und fühle zuversichtlich, daß ich irgend eine Sache vollführen kann, welche ich unternehmen würde."

Auf diesem Briefe war folgende Indossirung:

„1. Auszug des Briefes ohne Unterschrift. 2. Höflichst nach dem Befehle des Präsidenten dem achtb. Kriegssekretär überwiesen — Burton N. Harris Privatsekretär. Empfangen am 29. November 1864. Buchrekord A. G. O. den 8. Dezember 1864. 2. A. G., für Beachtung — auf Befehl J. A. Campbell, A. S. W."

Daß der Schreiber Mord im Schilde führte, läßt keinen Schatten des Zweifels zurück; und daß es ernstlich gemeint war, sowohl von Jefferson Davis als Mr. Campbell zeigt sich von der obigen Indossirung.

Ein anderer Brief von W. S. Arthur, datirt den 11. Februar 1865, und adressirt an Jeff. Davis, wurde vorgezeigt, welcher den Vorschlag machte, sowohl alle nördlichen Häfen verlassende Schiffe als auch die

Transporte der Regierung zu verbrennen, ohne Rücksicht auf den Lebensverlust der Wehrlosen; und in demselben deutete er auf eine Unterredung hin, die er vorher mit ihm (Davis) gehabt habe über denselben Gegenstand, in welcher die Ausführbarkeit des Planes in Frage gestellt wurde, aus Mangel an hinlänglichem Material, und der Schreiber sagte, daß man die gedachten Beschwerden überstiegen habe und daß gewisse chemische Preparationen im Verhältnisse des zu vollbringenden Werkes in den Händen eines gewissen Professor McCulloch seien, und nur diesem bekannt wären; und auf der Rückseite dieses Briefes war folgende Indossirung in Jeff. Davis' eigener Handschrift, als bewiesen wurde durch John Potts, Nathan Rice und Andere, welche unter dem Präsidenten Pierce Schreiber im Kriegsdepartement gewesen waren, zur Zeit, als Jeff. Davis im Kabinet war als Kriegssekretär:

„In Hinsicht der Mittel und Wege zur Verbrennung des Feindes Schifffahrt, Städte u. s. w., sind Vorbereitungen in den Händen des Prof. McCulloch und nur einer Person bekannt. Fragt den Präsidenten um eine Unterredung mit General Harris, vormals von Missouri, über den Gegenstand. Der Staatssekretär sehe gefälligst nach seinem Belieben den General Harris und lerne die Pläne, die er hat, um die bis jetzt erfahrenen Hindernisse zu übersteigen. J. D. 20. Februar 1865. Empfangen 17. Februar 1865."

Die Thüren werden geöffnet.

Am Samstag, den 13. Mai, fing die Commission an, Zeugnisse in Hinsicht der besonderen Handlungen der Personen auf der Gefangenenbank anzuhören; die Thüren wurden dem Publikum eröffnet, und A. W. Lee, ein geheimer Polizeibeamte der Regierung, auf den Stand gerufen. Er bezeugte, daß er in der Durchsuchung des von Atzeroth gemietheten Zimmers, welches über dem des von Vice-Präsident Johnson innegehabten liegt, behülflich gewesen sei, und daß er eine Pistole, zwei Dolchmesser, einige Kleidungsstücke nnd ein Bank-Buch gefunden habe, welches letztere eine Rechnung für $450 enthielt zwischen J. Wilkes Booth und der Bank von Ontario.

L. A. Weichmann bezeugte, daß er John H. Surratt seit 1859 gekannt habe und daß er am 15. Jan. 1865 in seiner Gesellschaft war (Surratt's) und daß sie mit Dr. Mudd und Booth zusammen kamen, welche beide mit dem Zeugen bekannt gemacht wurden. Sie gingen dann alle nach dem National Hotel, und bald baten Booth, Surratt und Mudd, man möge sie für eine kurze Weile entschuldigen und sie gingen in die Halle hinaus, wo sie eine ernste Unterredung hatten, und wenn sie zurück kamen, sagten sie, daß Booth darüber gesprochen habe, Mudd's Farm zu kaufen. Der Zeuge besuchte auch das Theater an jenem Abende, wenn Booth Peskara in dem Schauspiele „Der Apostat" spielte, und nachdem die Vorstellung vorüber war, ging er mit Surratt, Booth, Atzeroth und Harrold spazieren; einmal blieben die drei letzteren zurück und begaben sich in einen Salon, wo sie eine vertrauliche Unterredung hatten.

Er fuhr öfters Mad. Surratt in ihrer Kutsche nach Surrattsville, und that auch so am 11. und am Tage der Ermordung; bei der letzten Gelegenheit erreichten sie Lloyd's Gasthaus ungefähr halb fünf Uhr und blieben dort bis sechs Uhr. Er logirte mit der Mad. Surratt seit dem Dezember 1864, und während der Zeit war ihr Haus der Zusammenkunftsplatz für Payne, Booth, Atzeroth, Dr. Mudd und Andere der Ermordung angeklagt, und sie hielten beständig geheime Zusammenkünfte. Payne kam zu dem Hause zuerst im Januar, und gab seinen Namen als Wood an; und gleich, nachdem er sich bei der Mad. Surratt eingeführt hatte, wurde er in ihr Vertrauen zugelassen, und blieb zwei oder drei Tage in ihrem Hause. Das Kreuzverhör dieses Zeugen war sehr strenge, aber der Scharfsinn der Advokaten verfehlte es, etwas günstiges für ihre Clienten an den Tag zu bringen oder ihn zu veranlassen, sich selbst widersprechende Aussagen zu machen, welche die Einzelheiten betrafen, die er während seines Verhörs gegeben hatte.

Robert R. Jones, Clerk des Kirkwood Hauses bezeugte, daß Atzeroth ein Zimmer genommen habe am 14. April, dem Tage der Ermordung; aber anderes wußte er nicht, welches hätte können Licht auf den Gegenstand werfen.

Mr. Lloyd, ein Bewohner von Surrattsville wurde dann aufgerufen und bezeugte, daß er Surratt, Harrold und Atzeroth kenne und daß diese ungefähr sechs Wochen vor der Ermordung nach seinem Hause kamen und daß sie zwei Karabiner mit Ammunition und einen fünfzehn oder zwanzig Fuß langen Strick zurückließen, und daß er, obgleich er sich widersetzte die Waffen in Gewahrsam zu nehmen, endlich einwilligte, und daß sie unter der Decke verborgen wurden. Am vorhergehenden Montage vor der Ermordung kam Mad. Surratt nach seinem Hause und sagte ihm, die Karabiner bereit zu haben, da man sie bald verlangen würde, und ungefähr um 5 Uhr am Ermordungstage sprach sie wieder vor und theilte ihm mit, daß man dieselben die kommende Nacht abholen würde. Harrold und Booth holten dieselben ab — obgleich der letztere, der dem Zeugen fremd war, nicht in das Haus ging. Sie nahmen aber nur einen Karabiner, weil Booth sagte, daß sein Bein gebrochen sei und er seinen nicht tragen könne. Gerade als sie weggehen wollten, sagte Booth: „Ich will Ihnen was Neues erzählen; ich bin ziemlich gewiß, daß wir den Präsidenten und Sekretär Seward ermordet haben."

Diese Thatsachen wurden nicht sogleich den Autoritäten mitgetheilt, ja, Lloyd versuchte sogar, als er gefragt wurde, ausweichende Antwort zu geben; aber da er zuletzt ausfand, daß er ein ganzes und vollständiges Geständniß machen mußte, that er so am Tage nach dem Morde, am folgenden Samstage.

Am Montag, den 15. Mai bezeugte Mary Van Tine, daß Arnold und O'Laughlin Zimmer in ihrem Hause inne hatten, und daß Booth häufig kam, sie zu besuchen — theils bei Tage und theils bei Nacht, und daß er bei vielen Gelegenheiten eine große Angst an den Tag legte, wenn sie abwesend waren, und öfters ließ er eine Karte für dieselben zurück, oder sagte ihr, ihnen zu sagen, nach „dem Stalle“ zu kommen. Sie wußte aber nichts über die Sachen, welche zwischen ihnen vorfielen; aber nach ihrer Vertraulichkeit war sie fähig eine Schätzung zu machen von der Beobachtung der gegen einander gehegten Manieren.

Henry Williams, ein farbiger Mann bezeugte, daß er Briefe von Booth nach Arnold und O'Laughlin getragen habe, und Mr. J. P. Early, der nächste Zeuge, kam auf einem Zuge mit dem letzteren von Baltimore am Tage vor der Ermordung; er bezeugte auch, daß er (O'Laughlin) am Samstag Nachmittag nach Baltimore zurückkehrte, und daß er in der Zwischenzeit zum wenigsten eine Unterredung mit Booth hatte und dieses wurde durch die Zeugnisse der zwei nächstfolgenden Zeugen bestätigt — Lieut. Henderson und Mr. Samuel R. J. Strong.

David Stanton wurde dann aufgerufen und identifizirte O'Lauglin als den Mann, den er habe um die Office des Kriegssekretärs herum lauern gesehen und den er wegbeordert habe, zu der Zeit meinend, daß er besoffen sei. Der Gefangene fragte nach dem Kriegssekretär aber Niemand anders. Mr. D. C. Reed trat dann auf die Zeugenbank und bezeugte, daß er John H. Surratt am Tage der Ermordung in Washington gesehen habe; aber über den Theil, den jener in dieser Aaffaire nahm, wußte er nichts.

Der erste Zeuge, der am Dienstag, den 16. aufgerufen wurde, war John Barlow, gewöhnlich in der Nähe des Theaters unter dem Namen “peanuts” bekannt, und der Booth's Pferd in seiner Aufsicht hatte. Er bezeugte, daß am Nachmittage vor der Ermordung Booth hinter das Theater geritten kam und nach Spangler fragte, welcher hinaus kam und eine Unterredung mit ihm hatte. Die folgende Nacht zwischen 9 und 10 Uhr kam Booth wieder; Spangler ging hinaus und rief ihn (Zeugen), das Thier zu halten, welches er that, obgleich er sich im Anfange widersetzte, da er andere Geschäfte hatte, Spangler sagte aber: „Sollten irgend welche Unannehmlichkeiten daraus entstehen, so überlasse sie mir;“ folglich that er, wie man ihn geheißen hatte. Er war an jenem Tage mit

Spangler in der Loge des Präsidenten gewesen, und während er (Spangler) die Scheidewand hinwegnahm, fluchte er des Präsidenten und Gen. Grant; aber nach seiner besten Erinnerung machte er keine Drohungen.

Er hörte den Pistolenschuß, und gleich darauf kam Booth herausgelaufen und stieß ihn (Zeugen) mit dem Griffe seines Dolchmessers nieder und ritt davon. Die Aussage, daß Booth und Spangler eine Unterredung hatten, wurde durch eine farbige Frau bekräftigt, welche hinter dem Theater wohnte und diese beiden Männer dort bei Tage und des Abends sah.

Col. William A. Browning machte eine Zeugenaussage, daß Booth versucht habe, eine Unterredung mit dem Vice-Präsidenten Johnson zu erhalten; ihm folgte Mr. John C. Hatten, welcher bezeugte, daß er O'Laughlin in der Wohnung des Kriegssekretärs Stanton am Abende vor dem Morde sah, und daß er nach Gen. Grant fragte, den er zu sehen wünsche.

Des Präsidenten Familien Arzt, Dr. Robert King Stone, wurde zuerst aufgerufen, aber sein Zeugniß belief sich nur auf die geschlagene Wunde und des dazu benutzten Instrumentes; Thatsachen, welche schon bekannt, aber nöthig waren, um allen Gemäßheiten einer Klage zu begegnen.

Serg. Silas D. Cobb, welcher die Wache der Brücke in seiner Aufsicht hatte, beschrieb die Umstände, unter welchen Booth und sein Begleiter ihn passirten. Der erstere gab seinen rechten Namen, der letztere hieß sich Smith. Der Sergeant besah dann die Insassen der Gefangenbank, aber konnte von ihnen keinen als den Mann erkennen. Er hielt sie eine kurze Weile auf, aber als sie sagten, daß sie an der anderen Seite der Brücke wohnten und von der Wache nichts gewußt hätten, ließ er sie passiren. Sie kamen nicht zusammen, sondern ungefähr zehn Minuten verflossen, ehe der zweite dem ersten folgte. Ein Dritter kam dann, da aber seine Antworten nicht befriedigend waren, schickte er ihn wieder zurück. Andere Zeugen bezeugten auch, daß sie dieselben Personen die Marlboro-Straße hätten entlang gehen sehen.

Am 18. wurde der Fall des Dr. Mudd eröffnet. Mr. Wm. Williams, der die Mörder verfolgen half, bezeugte, daß er nach dem Hause des Doctors gegangen sei und ihn über zwei Fremde gefragt habe — einer mit einem zerbrochenen Beine — ob sie dieses Weges gekommen seien und er läugnete mit Nachdruck, sie gesehen zu haben. Dieses war am nächsten Dienstag nach der Ermordung und den nächsten Freitag ging der Zeuge wiederum nach des Doctors Wohnung mit einer Partie, welche Befehle hatten, ihn gefangen zu nehmen, und an diesem Tage machte er (Mudd) die Aussage, daß zwei Männer da gewesen wären; aber er versicherte, daß es weder Booth noch Harrold seien, denn er setzte hinzu, daß er den ersten sehr gut kenne und er nicht der Mann sei. Als man zu seinem Hause ging, fand man dort einen Stiefel mit dem Namen „J. Wilkes Booth“ auf der Inseite, und dieser, sagte Mad. Mudd, sei von einer der Personen zurückgelassen worden. Der Doctor setzte dann hinzu, daß er dem Manne, dem der Stiefel zugehöre, das Bein zurecht gesetzt habe.

Als man ihn weiter fragte, setzte er hinzu, daß die Männer am Samstage um drei oder vier Uhr sein Haus verlassen hätten und daß sie dort ungefähr bei Anbruch des Tages gekommen wären, und sie sich folglich ungefähr zehn Stunden mit ihm aufgehalten hätten.

Das Zeugniß dieses Zeugen wurde in allen seinen Einzelnheiten durch den nächst gerufenen Zeugen bestätigt — einen gewissen Mr. Simon Gavea, welcher sehr gut mit dem Doctor bekannt war und zu jenen gehörte, die ihn gefangen nahmen.

Mehrere Stunden der Gerichtssitzung verflossen dann in der Abnahme der Zeugnisse des Oberstlieut. Conger, Boston Corbett und anderer über die Verfolgung und Gefangennahme Harrold's und den Tod Booth's; da aber die hiermit verbundenen Umstände schon auf eine anderen Stelle dieses Buches angegeben sind, so ist es unnöthig sie hier zu wiederholen. Nachdem aber dieses Subjekt beschlossen war, wurde Atzeroth's Fall aufgenommen.

John Fletscher, zu Naylor's Leihstall gehörend, bezeugte, daß am 14.

April Atzeroth zu ihm kam, auf einem braunen Pferde reitend, welches, wie er wünschte, man bis zum Abende in Acht nehmen solle, und daß um halb sieben Uhr Abends er dasselbe abholte; aber nachdem er eine kurze Zeit umher geritten war, kehrte er zurück und ließ das Thier dort bis zehn Uhr, wenn er es wieder abholte; aber ehe er fortging, sagte er dem Zeugen, daß er vor Tagesanbruch vielleicht etwas hören möchte, welches eine fürchterliche Sensation hervorrufen werde, aber da er ein wenig betrunken zu sein schien, kehrte man sich nicht um die Bemerkung. Der Zeuge hatte Harrold auch ein Pferd geliehen, da es aber über die bestimmte Zeit ausblieb, machte er sich in der Folge auf, zu sehen, ob er keine Spuren von dem Thiere erhalten könne, und während er umherging, sah er Harrold auf dem Pferde; aber dieser, sobald er ihn bemerkte, ritt mit großer Schnelle eine andere Straße hinunter. Atzeroth ritt eine lange Zeit umher, verschiedene Straßen auf und nieder und betrug sich die Zeit hindurch sehr wunderlich.

John Greenwalt, der Inhaber des Pennsylvania Hauses, wo sich Atzeroth eine Zeitlang aufhielt, bezeugte die häufigen Zusammenkünfte zwischen ihm und Booth, indem der letztere gewöhnlich den ersteren aus dem Hause rief. Sie standen oft auf dem Seitenwege vor der Hausthüre, aber einige Mal gingen sie in den Leihstall. Ungefähr am 1. April machte Atzeroth gegen den Zeugen die Bemerkung, daß er beinahe außer Geld sei, aber daß er in kurzer Zeit Gold genug zu bekommen hoffe, welches sein ganzes Leben hindurch für ihn hinreichen würde. Er verließ das Haus am vor der Ermordung hergehenden Mittwochen und kehrte spät am Abende des Ereignisses zurück und fragte für ein Zimmer. Er war von einem anderen Manne begleitet und beide gingen früh den nächsten Morgen fort, aber nicht zusammen. Der Mann, welcher mit Atzeroth kam, registrirte seinen Namen als Sam Thurston, aber der Zeuge konnte nicht bestimmt sagen, ob er zwischen den Gefangenen auf der Bank sitze oder nicht.

Ehe Booth starb, sagte er, daß er einen langen Artikel für den National-Intelligencer bereitet habe, seine Gründe für die Ermordung in demselben angebend und daß er ihn jener Zeitung geschickt habe. Herr Coyle, einer der Herausgeber, wurde dann aufgerufen, bezeugte aber, daß sie ein solches Schreiben nie erhalten hätten.

Hezekiah Metz kam dann auf den Zeugenstand und bezeugte, daß Atzeroth am Sonntage nach der Ermordung in seinem Hause in Montgomery County, Maryland, zu Mittag gegessen habe, und während seines dortigen Aufenthaltes, als er hörte, daß Gen. Grant im Eisenbahnwagen erschossen worden sei, sagte er: „Wenn er von den ihm zu folgenden Männern verfolgt wurde, so ist es gewiß so.“

Serg. G. W. Gunnell, der Beamte, der ihn gefangen nahm, gab an, daß Atzeroth lange seinen Namen geleugnet habe, und daß er nicht lange zurück in Washington gewesen sei. Das Uebrige des Zeugnisses war von keiner großen Wichtigkeit und stellte nur dar, wie das von Harrold gerittene Pferd wieder gefunden wurde.

Am Donnerstag, 18. Mai, wurde Herr Weichmann wieder aufgerufen und ihm ein Telegramm von J. Wilkes Booth gezeigt, welches er von New-York am 23. März in folgenden Worten erhalten habe: „Sage John sogleich, die Nummer und Straße zu telegraphiren.“ Dieses wurde John H. Surratt, der angegebenen Person, gezeigt, wenn der Zeuge fragte, was es meine; aber er erhielt nur folgende Worte zur Antwort: „Sei nicht so verd—t neugierig.“

Herr Weichmann gab dann die Einzelnheiten einer Scene, die er in dem Hause der Mad. Surratt sah, gleich nach dem 4. März: „Als ich eines Tages zwischen vier und fünf Uhr von meiner Office zurückkehrte und auf mein Zimmer ging, zog ich die Hausglocke für Dan, den Negerbedienten, und auf meine Frage erhielt ich zur Antwort, daß John ungefähr um halb drei Uhr des Nachmittags mit sechs anderen Personen ausgeritten sei; als ich die Treppe hinunter ging, fand ich, daß Mad. Surratt bitterlich weinte, und als ich fragte, was ihr fehle, sagte sie: „Geh' und mache Dir ein Mittagessen so gut als möglich fertig, denn

John ist weggegangen;" ungefähr halb sieben Uhr kam John Surratt zurück und war in einer großen Aufregung, in der That, er stürzte wie wahnsinnig in das Zimmer und hatte einen von Sharp's kleinen sechsläufigen Revolvern in der Hand. Als ich sagte: „John, warum bist Du so aufgeregt?" antwortete er: „Ich will jeden Mann erschießen, der in dieses Zimmer kommt; meine Hoffnungen sind verschwunden und meine Aussichten fort; ich will Etwas thuen; kannst Du mir eine Commisstelle verschaffen?" Der Gefangene, Payne, kam dann in das Zimmer und ungefähr fünfzehn Minuten nachher trat Booth ein; er war in einer großen Aufregung und ging mehrere Male im Zimmer wie wahnsinnig umher, ohne mich zu bemerken; er hatte eine Reitpeitsche in seiner Hand. Die Dreie gingen dann in das zweite Stockwerk und sie müssen dort ungefähr zwanzig Minuten verweilt haben. Nachher fragte ich Surratt, wo er Payne gelassen habe; er sagte, Payne wäre nach Baltimore gegangen, und auf meine Frage, wo Booth hingegangen sei, sagte er: „Nach New-York."

Der Zeuge mußte dann ein scharfes Kreuzverhör bestehen, wenn er sagte, daß er Verdacht gehabt habe, daß Alles nicht richtig sei und daß er es den Behörden durch Capt. Gleason vom Kriegsdepartement mitgetheilt habe; aber der Beamte, obgleich er glaubte, daß sie Etwas ungesetzliches vorhätten, lachte über die Idee eines Angriffes auf den Präsidenten.

Eine Anzahl Zeugen wurden dann aufgerufen und bezeugten, daß sie Atzeroth am Abende der Ermordung gesehen hätten, und zu der Identifizirung des ihm gehörenden Messers, welches man auf der Straße gefunden hatte.

Hierauf wurde Abraham B. Oliver aufgerufen, welcher die Loge des Präsidenten examinirt hatte. Er zeugte in Hinsicht des in die Thüre gemachten Einschnittes, so, daß man einen Riegel vorschieben konnte, um die Flucht der Insassen zu verhindern, und auch in Hinsicht des kleinen Loches, welches mit einem scharfen Instrumente geschnitten sei, als wenn man hätte einen Mann durchschauen lassen wollen. Alles war sorgfältig gethan und aller Schutt weggeräumt.

Major Rathbone, der zur Zeit der Ermordung in der Loge des Präsidenten war, gab an, daß, als er versuchte, hinaus zu gehen, die Thür völlig verriegelt war, und der Zeuge sie nur mit großer Anstrengung öffnete.

Ein in Booth's Koffer gefundener Brief wurde dann vorgezeigt und als Arnold's Handschrift anerkannt, war „Sam" unterschrieben und bezog sich auf den Mordplan. Der Schreiber versuchte darin, ihn zu bewegen, von dem Vorhaben abzustehen, bis er wieder von Richmond gehört habe.

Herr Ethan J. Hooper, der Arnold arretirte, wurde dann gerufen, und gab ein Bekenntniß des Gefangenen, in welchem dieser seine Theilnahme an einem Plane anerkannte, den Präsidenten Lincoln zu fangen und ihn nach Richmond zu bringen; und er bekannte, daß er der Schreiber des genannten Briefes sei. Ein Telegramm von Booth zu O'Laughlin, welches „Sam" ersuchte, sogleich herunter zu kommen, wurde dann vorgebracht.

Herr Thomas, ein Nachbar des Dr. Mudd, wurde dann hereingerufen und er bezeugte, daß er eine Unterredung mit dem Doktor gehabt habe, in welcher der Letztere voraussagte, daß der Präsident und das ganze Cabinet würde in wenigen Wochen ermordet werden. Dieses war im März.

Das ganze am 19ten genommene Zeugniß bezog sich auf Payne. William H. Wells, Herrn Seward's farbiger Bediente, erkannte ihn als die Person, welcher mit einem Packete zu der Thüre des Sekretärs Hauses kam, welches, wie er sagte, eine Verschreibung des Dr. Verdin sei, der den Sekretär in seiner Pflege hatte; und als er darauf bestand, die Treppe hinauf zu gehen, schritt er (Zeuge) vor ihm her. Payne begegnete auf der Treppe Herrn Frederick Seward und hatte mit ihm in der Halle eine Unterredung. Er sagte Herrn F. Seward, er verlange Herrn W. H.

Seward zu sehen. F. Seward sagte ihm, daß er ihn nicht sehen könne, da sein Vater zur Zeit im Schlafe sei und daß er ihm die Arznei geben solle und er wolle sie selbst zu seinem Vater bringen. Dieses wollte Payne aber nicht befriedigen, da er ihn selbst sehen müßte, worauf Herr F. Seward sagte, daß er ihn nicht sehen könne. Als er aber fortfuhr, zu sagen, daß er ihn sehen müsse, gab ihm Herr F. Seward zur Antwort: „Ich bin Herrn Seward's Sohn. Wenn Sie es nicht mit mir lassen können, so können Sie es gar nicht zurücklassen. Er (Payne) wendete sich der Treppe zu, als wenn er hinunter gehen wolle. Der Zeuge wollte sich hinunter begeben, hatte sich aber kaum umgedreht, als Payne zurücksprang und nach Frederick stieß, zu welcher Zeit der Zeuge Alarm rief bei der Vorderthüre und bald nachher sah er den Eindringling hinaus laufen, um auf sein Pferd zu kommen.

Serg. G. F. Robinson, einer der Krankenwärter des Sekretärs, sagte, daß er den Streit hörte und hinauslief, um zu sehen, was los wäre, als Payne den Zeugen schlug und niederwarf. Der Vorige stürzte dann zum Bette des Sekretärs und stach diesen; zu dieser Zeit kam ein Mann in das Zimmer und sie beide ergriffen den Desporado und brachten ihn zur Thüre, wo es ihm gelang, zu entfliehen. Der Zeuge wurde zweimal in die Stirne gestochen und Sekretär Seward auch zweimal verwundet. Er erkannte Payne als den den Mord versucht habenden Meuchelmörder.

Major Seward, der Sohn des Sekretärs, erkannte Payne auch als den Angreifer seines Vaters. Er war ungefähr elf Uhr zur Ruhe gegangen und eine kurze Weile nachher wurde er durch das Hülfegeschrei seiner Schwester aufgeweckt. Er sprang auf und ergriff den Mann, welcher den Zeugen mit einem Glase schlug, welches er von dem Tische genommen hatte, zur selben Zeit folgende Worte ausstoßend: „Ich bin toll — ich bin toll."

Colonel Morgan beschrieb dann die mit Payne's Gefangennahme in Verbindung stehende Umstände. Die Geheimpolizei hatte von Mad.

Surratt's Wohnung Besitz genommen, und am 17. April kam Payne herein und da er die Beamten sah, sagte er: „Ich muß mich geirrt haben." Der Zeuge fragte ihn dann, wen er zu sehen wünsche, worauf er antwortete, Mad. Surratt; und es wurde ihm mitgetheilt, daß er auf dem rechten Platze sei. Er sagte, daß er aus dem Süden sei, und zeigte seinen Treueid, welchen er geleistet habe. Er sagte ferner, er sei ein armer Mann und Mad. Surratt habe ihn bestellt, für sie an der Reinigung einer Senkgrube zu arbeiten. Die Beamten sahen aber bald, daß seine schmutzigen und alten Kleider nur eine Verkleidung seien; daß seine Hände weiß und weich waren und daß seine Sprachweise verrieth, daß er ein feingebildeter Mann sei und nicht der unwissende Arbeiter, für welchen er sich ausgab — da er gesagt hatte, daß er nicht lesen könne.

Er wurde dann zur Office des Provost Marschall gebracht und dort als der Angreifer des Staatssekretärs erkannt.

Als Major Smith nach Mad. Surratt kam und sie fragte, ob sie Payne kenne, sagte sie, ihre rechte Hand erhebend: „Vor Gott! Ich kenne diesen Mann nicht, ich habe ihn noch nie gesehen!" Mad. Surratt fragte nicht einmal, warum man sie in Arrest nehme. Sie drückte gar keine Ueberraschung oder Gefühl aus.

Am Samstag, den 20. Mai, kam Charles A. Dana, Assistent-Kriegssekretär, auf den Zeugenstand, um den Inhalt eines in Booth's Koffer gefundenen Zeichenbriefes zu offenbaren; Major Eckert wurde aus demselben Grunde aufgerufen. Sie hatten den Schlüssel zu dem Richmond Zeichenbriefe und lasen die Correspondenz wie folgt:

13. Oktober 1864.

Wiederum drängen wir zu der Nothwendigkeit, augenblickliche Vortheile zu erlangen. Strengt jede Nerve für Sieg an. Wir schauen jetzt auf die Wiedererwählung Lincoln's als fast gewiß, und wir müssen diese Söldlinge schlagen, um es zu verhindern. Außerdem, wenn Lincoln wieder erwählt wird und seine Armeen siegreich sind, brauchen wir nicht einmal auf Anerkennung zu hoffen, viel weniger auf die in unserem Letztem (Briefe) angedeutete Hülfe. Halcombe wird dieses erklären. Diese Zahlen der Yankee-Armeen sind fehlerfrei. Ihr Freund soll sogleich in Arbeit gesetzt werden, wie sie angeben."

19. Oktober 1864.

Ihr Brief vom 13. d. Mts. ist zur Hand. Es ist noch genug Zeit vorhanden, um vor dem November viele Stimmgeber zu colonisiren. Ein Schlag wird in der Kürze geschlagen werden. Es ist noch nicht ganz Zeit. General Longstreet wird ohne Zögerung Sheridan angreifen und sich dann so weit als rathsam nördlich nach unbeschützten Punkten bewegen. Dieses wird statt der vorgenannten Bewegung gemacht werden. Er wird sich bemühen, den Republikanern ihre Stimmkästen sammeln zu helfen. Seien Sie wachsam und helfen Sie ihm."

Der Zeuge gab an, daß die Note vom 18ten von Canada kam und die Andere von Richmond.

Robert J. Campbell, von der Ontario Bank in Montreal, bezeugte, daß Jakob Thompson einen Credit in jener Bank habe von $649,873,23, und daß man ihm dann noch $176.30 schuldig sei; daß er kürzlich große Summen zurückgezogen und sie entweder in ausländischen Wechseln oder Vereinigten Staaten Papieren angelegt habe. Zu einer gewissen Zeit hatte er $100,000 in ausländischen Wechseln angelegt.

Am Montag, den 22. Mai, bezeugte J. S. McPhail, daß O'Laughlin ein Jahr in der Rebellen-Armee gewesen sei, aber daß er jene 1863 verlassen, freiwillig in unsere Linien gekommen sei und am 16. Januar jenes Jahres den Eid der Treue (oath of allegiance) geleistet habe.

Dr. Verdin gab dann einen umständlichen Bericht über die dem Sekretär Seward beigebrachte Wunde und über die der am Abende des 14ten in seinem Hause Anwesenden.

Herr James Maddox, ein attache von Ford's Theater, bezeugte, daß Spangler nie einen Bart trug, welches den Gefangenen sehr zu erleichtern schien, da verschiedene Zeugen geschworen hatten, daß sie eine Person in Gesellschaft mit Booth gesehen hätten, der ihm behülflich gewesen sei, zu entfliehen, der einen Bart getragen habe und sie Alle zeigten auf Spangler als jene Person.

Am 23sten wurde wenig gethan, ausgenommen, eine Uebereinstimmung zu treffen, daß, nachdem das Zeugniß für die Vertheidigung der Gefangenen verhört sei, die Regierung möge Zeugen herbeibringen, um darzuthun, daß eine allgemeine Verschwörung existirt habe, unter der Bedingung, daß es keine direkte Verbindung mit den Fällen irgend eines Gefangenen auf der Bank habe. Die Commission vertagte sich dann bis zum nächsten Tage, da die große Prozession im Gange war.

Am Freitag, den 25. Mai, bezeugten verschiedene farbige Personen — Einige von ihnen waren kürzlich Sklaven des Dr. Mudd — daß sie den Doktor viele harte Namen gegen Präsident Lincoln hätten ausstoßen gehört; und einer von ihnen bezeugte, daß er einen Mann, Gurner mit Namen, folgende Bemerkung nach der Ermordung machen gehört habe: „Old Lincoln sollte schon längst tod gewesen sein," und Mudd antwortete, daß er derselben Meinung sei.

Entlastungs-Zeugnisse.

Der Hochw. Vater Uptheil sagte, daß er Mad. Surratt eine lange Zeit gekannt und nie irgend Etwas gegen dieselbe gehört habe, und ein anderer Geistlicher ihrer Bekanntschaft bestätigte die Aussage; keiner von ihnen wußte Etwas von ihrer Theilnahme an der Verschwörung. Obgleich zwei weitere Zeugen — Mad. Hallahan und Mad. Howard — aufgerufen wurden, halfen sie ihr doch nicht wesentlich. Die Erstere sagte, sie habe oft Payne in ihrem (Mad. Surratt's) Hause gesehen, unter dem angenommenen Namen Wood, und daß Mad. Surratt behauptet habe, er sei ein Baptisten-Prediger. Sie sahen auch Booth dort.

B. F. Gwyen, ein anderer Zeuge, machte die Aussage, daß Lloyd am Ermordungstage ziemlich viel getrunken habe und die Anwälte für die

Vertheidigung versuchten es, die Macht seines Zeugnisses durch diesen Umstand zu brechen.

Georg Cotting, der Lloyd gefangen nahm, bezeugte, daß der Gefangene zuerst alles Mitwissen über die Sache geleugnet, aber zuletzt ausgerufen habe: „O, mein Gott! wenn ich ein Bekenntniß ablegen würde, würden sie mich ermorden," und als ihn der Zeuge fragte, wer ihn ermorden würde, sagte er, er meine die mit der Verschwörung verbundenen Personen. Er legte dann dasselbe Zeugniß ab, welches er vorher beschworen hatte.

Der Fall des O'Laughlin wurde dann aufgenommen und R. J. Connelly und Herr Murphy nebst zwei oder drei Anderen bezeugten, daß sie zu der Zeit mit dem Gefangenen zusammen gewesen wären, zu welcher man ihn in der Nähe der Wohnung des Kriegssekretärs gesehen haben wollte und daß er folglich dort nie gewesen sei.

Herr Ralette bezeugte dann, er habe O'Laughlin zwei Jahre lang gekannt und daß er mit ihm am 13ten in Gesellschaft Anderer bis 12 Uhr gewesen sei. Er sah nichts Ungewöhnliches in seinem Benehmen. Er war mit ihm am 14ten, als er die Nachrichten von der Ermordung des Präsidenten erhielt.

Herr Purdy bezeugte, daß er Superintendent von Rumman's Hotel sei. O'Laughlin war dort am Abende des 13ten in Gesellschaft mehrerer Freunde. Er war dort, als sie um 12 Uhr zuschlossen. Sie waren dort am Abende des 14ten, als sie die Ermordung des Präsidenten gewahr wurden. O'Laughlin schien überrascht und sagte, er sei in Booth's Gesellschaft gewesen und die Leute möchten glauben, daß er habe Etwas mit der Verschwörung zu thun gehabt.

Es wurde weiter angegeben, daß er, sobald er erfuhr, daß man ihn in Verdacht habe, hinging, um sich selbst den Behörden auszuliefern.

Andere Zeugnisse wurden dann für Mad. Surratt vorgebracht, aber sie waren Alle einen negativen Charakters; die Zeugen hatten nie etwas Böses über sie gewußt — das war Alles, was sie sagen konnten.

In Hinsicht der Frage, ob die Rebellenbehörden an dem Morde betheiligt gewesen waren, wurden mehrere Zeugen verhört.

Henry Finnegan bezeugte, daß er im Februar in Montreal war. Kannte Sanders, Cleary und Andere ihres Zirkels. Sah sie in der St. Lawrence Halle und verschiedenen anderen Plätzen. Jakob Thompson oder Beverly Tucker sah er nicht. Am Abende des 14ten oder 15. Februar hörte er Cleary zu Sanders sagen: „Ich denke, Sie machen sich für die Inauguration Lincoln's im nächsten Monate fertig." Sanders antwortete: „Ja; aber wenn sie (boys) nur gutes Glück haben, wird Lincoln sie nicht mehr lange beunruhigen." Cleary sagte: „Ist Alles in Ordnung?" worauf Sanders erwiederte: „O ja! Booth hat die Arbeit in seinen Händen." Der Zeuge hielt dieses zu der Zeit für Prahlerei. Er theilte es wenige Tage zurück der Regierung mit. John Surratt kannte er nicht.

Dr. John C. Thomas, der Bruder des Zeugen, welcher gesagt hatte, daß er (Mudd) im März habe die Ermordung des Präsidenten und seines Cabinets voraussagen hören, wurde dann als Entlastungszeuge aufgerufen und bezeugte, daß sein Bruder öfters seinen Verstand ein wenig verliere, aber daß er seit Kurzem besser sei und keine Wahnsinnsanfälle gehabt habe.

Am 27sten bezeugte Colonel Nevins die Thatsache, daß er am 12. April in Washington im Kirkwood Hause gewesen und Atzeroth daselbst zu ihm gekommen sei und genaue Anfrage über den Aufenthaltsort des Vicepräsidenten Johnson gemacht habe, und als man ihm sagte, daß die genannte Person am Mittagessen sei, schauete er in das Zimmer und betrachtete Herrn Johnson sehr genau.

Ziemlich viele unnütze und unbedeutende Zeugnisse wurden dann verhört, worauf sich das Gericht vertagte.

Am 29sten wurde ein großer Theil Zeugnisse in Hinsicht des Planes des Dr. Blackburn vorgenommen, welcher das gelbe Fieber in die nördlichen

Städte zu importiren im Sinne hatte; und die Verbindung Jeff. Davis und der Rebellen-Agenten in Canada wurde völlig bewiesen.

Hierauf gab Dr. Georg E. Mudd, ein dritter Cousin des Gefangenen, eine wichtige Aussage zu Gunsten seines Verwandten, welcher, wie es scheint, wirklich den Zeugen bat, die Militärbehörden den nächsten Tag in Kenntniß zu setzen, über die Ankunft und das Weggehen von Booth und Harrold von seinem (des Gefangenen) Hause am Samstag Morgen nach der Ermordung. Der angegebene Grund der nicht sofortigen Mittheilung dieser Umstände war der, weil er fürchtete (der Gefangene), daß er seines Lebens nicht sicher sei, wenn die Guerillas, die in der Nachbarschaft umherstreiften, es gewahr würden. Der Zeuge stimmte mit des Gefangenen Wünschen überein und besuchte in Gesellschaft der Geheimpolizei und des Militärs des letzteren Haus, wo, er glaube, Dr. Samuel Mudd dieselbe Aussage machte gegen die Behörden über Booth's und Harrold's Besuch, als er gegen den Zeugen gemacht hatte.

Ein anderer Zeuge, Hardy mit Namen, zeugte, daß er den Gefangenen, Dr. Mudd, gehört habe, den Stiefel sogleich herzugeben, sobald die Beamten sein Haus betreten würden. Es wird hier bemerkt werden, daß diese Zeugnisse die Aussagen der Polizei widersprechen; aber es muß bedacht werden, daß er Booth und Harrold zehn Stunden lang in seinem Hause verbarg und es war nicht eher, bis den nächsten Tag nach ihrem Weggehen, daß er seinen Verwandten ersuchte, die Behörden in Kenntniß zu setzen. Außerdem kannte er Booth und es war bewiesen, daß er von dem Morde gehört und gelernt hatte, wer die schuldigen Personen seien, ehe die „verdächtigen Personen" sein Haus verließen.

Am 30sten wurde nur wenig zu Tage gebracht, außer über Spangler. Jakob Ritterspauph bezeugte, daß er zur Zeit der Erschießung des Präsidenten in Ford's Theater beschäftigt war. Er sah den Mörder über die Bühne laufen und folgte ihm. Er fand die Thüre hart zu öffnen. Als der Zeuge zurückkehrte, schlug ihn Spangler und sagte: „Um Gottes willen! sagen Sie nicht, welchen Weges sich Booth wendete." Der Zeuge wurde dann für Harrold gerufen und sagte, man habe ihn immer für einen leichtfertigen und unbedeutenden Knaben gehalten, der leicht zu beeinflussen sei.

Auf der anderen Hand bezeugte H. N. James, daß er zur Zeit des von Booth in Ford's Theater gefeuerten Schusses auf der Bühne stand und Spangler ihm gerade gegenüber. Von da aus, wo sie standen, konnten weder er (Zeuge) noch Spangler die Loge des Präsidenten sehen. Wußte nicht, was Spangler that, als der Schuß gefeuert wurde. Zeuge dachte, daß er näher der Thüre gewesen wäre, zu welcher Booth hinauslief, als Spangler. Der Gang war zu der Zeit leer. Es war die Pflicht des Zeugen und Booth's, den Gang leer zu halten; es war mehr Spangler's Geschäft, als seines. Spangler erschien erfreut zu sein, als der Präsident in das Theater kam und applaudirte, wie die Zuschauer thaten.

Am 2. Juni kündigte Herr Doester an, daß er im Sinne habe, einen Wahnsinns-Prozeß für Payne aufzusetzen, welches dem Gefangenen ziemlich viel Vergnügen bereitete, welcher vorher nie geargwohnt hatte, daß er ein mondsüchtiger sei. Es wurde eine Untersuchung befohlen, um die Wahrheit zu erfahren.

Nichts Wichtiges fiel dann vor bis zum fünften, wenn weitere Beweisgründe der allgemeinen Natur einer Verschwörung vorgebracht würden.

Charles Duell bezeugte, daß er in Washington wohne und während er sich kürzlich in Morehead City, N. C., aufgehalten, habe er einen an John W. Wise addressirten Brief aufgehoben. Der Brief habe auf dem Wasser nahe bei der Regierungs-Werfte geschwommen. Er las, wie folgt:

Washington, 15. April 1865.

„Lieber John!“ Ich bin so glücklich, Dir mitzutheilen, daß „Pat“ sein Werk gut vollbracht hat und daß er jetzt in Sicherheit, Old Abe aber gewiß in der Hölle ist. Alle Augen sind auf Dich gerichtet. Du mußt Sherman bringen. Grant wird jetzt schon in den Händen des „Old Grey“ sein. „Red Shoos“ zeigte Nervenschwachheit in Seward's Falle, aber er fiel in Ordnung zurück. Johnson muß kommen. „Old Crook" hat ihn unter seiner Aufsicht. Beachte den Bruder-Eid sehr wohl und Du wirst keine Beschwerde haben. Alle werden sicher seien und sich der Früchte ihrer Arbeit erfreuen. Wir hatten letzte Nacht eine große Zusammenkunft. Alle sind geflissen, das Programm bis zum letzten Buchstaben auszuführen. Alle Riegel für einen guten Ausgang sind gelegt. „Old L." ist immer zurück. Ich sage es nochmals, das Leben unserer Brüder und das Leben des Südens hängt von der Vollbringung dieses Programmes ab. Nummer 2 wird Dir diesen Brief geben. Es ist befohlen, keine Briefe mehr bei Post zu senden. Wenn Du schreibst, unterzeichne keinen rechten Namen und sende es durch einige unserer Freunde, welche nach Hause kommen. Wir wünschen, daß Du schreibst, wie man die Neuigkeiten dort empfing. Wir empfangen große Aufmunterungen aus allen Gegenden. Ich hoffe, man wird in den Knieen nicht schwach werden. Ich war gestern in Baltimore. „Pat" ist dort noch nicht angekommen. Deine Leute sind wohl. Verliere Deine Nerven nicht."

Der Zeuge wußte Nichts von der Person, zu welcher er addressirt war. Er sagte, er wisse über den Schlüssel des Zeichenbriefes nichts, aber da er mit dem Datum anfing, fing er an, es zu verstehen, hatte aber keine Bekanntschaft mit dem Zeichen, bis er nach Washington kam. Der Brief schien nicht, als ob er lange im Wasser gewesen wäre.

James Ferguson sagte, daß er mit dem Zeugen war, als der Brief gefunden wurde. Ferguson sah ihn zuerst und rief seine Beachtung desselben hervor; dieses war am ersten oder zweiten Mal.

Marcius P. Anton bezeugte, daß, als er am 3. März im National Hotel in Washington war, an jenem Tage Dr. Mudd rasch in sein Zimmer kam und schien ziemlich aufgeregt zu sein; er sagte, daß er einen Fehler gemacht habe und daß er Booth zu sehen wünsche; Zeuge sagte ihm, daß Booth's Zimmer vielleicht auf der nächsten Flur sei, aber die Nummer wisse er nicht. Von dem augenscheinlich aufgeregten Zustande der in sein

Zimmer tretenden Person, neugierig geworden, verließ er (Zeuge) seine Schreiberei, ging aus der Halle und folgte ihm; er ging die Treppe hinunter und als er das untere Stockwerk erreichte, wendete sich Mudd um und schauete nach ihm. Zeuge erkannte Dr. Mudd zuerst, als er in das Zimmer trat; er hatte ihn seit dem Tage nicht gesehen.

Am 8. Juni wurde Francis R. Farrell aufgerufen und er sagte aus, daß er Dr. Mudd am Nachmittag des 15ten sah und daß er (Zeuge) den Doktor fragte, ob es wahr sei, daß der Präsident ermordet sei, und der Letztere antwortete, es sei und daß er gehört habe, daß ein gewisser Booth es gethan hätte; aber er wußte nicht, daß es derselbe sei, der vorhergehenden Herbst in der Gegend gewesen sei. Mudd schien über diese Thatsache sehr betrübt zu sein; aber er sagte damals nicht, daß Booth und Harrold zu der Zeit in seinem Hause verborgen seien.

Die Sitzung am 9. Juni verfloß fast ganz unter Versuchen, durch einen oder den anderen Zeugen das Zeugniß gewisser Anklage-Zeugen zu verhindern und nichts Neues kam an den Tag.

Am 10. Juni kündigten die Vertheidiger Mudd's, Spangler's und Arnold's an, daß ihre Fälle geschlossen seien und daß Herr Doester für Payne bitte, man möge genug Zeit erlauben, bis zur Ankunft des Gefangenens Vater, ihm behülflich zu sein, seine Wahnsinnigkeit zu beweisen; aber am 14ten brachte eine ärztliche Commission die Nachricht, daß, obgleich Payne's Verstand eines niedrigen Grades, er doch nicht wahnsinnig sei; demgemäß wurde dieser Prozeß fallen gelassen.

Am 16ten war der einzige wichtige Zeuge, der aufgerufen wurde, D. E. Eastman, einer der Direktoren der Ontario Bank von Montreal, Canada. Er identifizirte eine von Jakob Thompson, dem Rebellen-Agenten in Canada zu Gunsten Ben Wood's von New-York gezogene Karte für $25,000 — ein Umstand, der Ben Wood heiße Befürwortung der Anerkennung der Jeff. Davis Regierung und sein verrätherisches Benehmen gegen die gesetzlichen Behörden in Washington leicht begreiflich macht.

Die Argumente der Vertheidiger.

Das Argument des Achtb. Reverdy Johnston von Maryland wurde zuerst eingereicht und am 18. Juni im Gerichtssaale verlesen, welches sich nur ganz allein auf die Gerichtsbarkeit dieses Gerichtshofes bezog. Er beanspruchte, daß ein Kriegstribunal nur Rechtssprüche über militärische Vergehen fällen könne, wo das Gesetz keine Mittel vorschreibt; daß durch das bürgerliche Gesetz zu entscheidende und bestrafende Vergehen und für deren Prozessirung durch dasselbe Gesetz vorgeschrieben ist, nicht einer militärischen Gerichtsbarkeit unterworfen sind, ist ohne Zweifel wahr. Ein militärisches Verbrechen, im Gegensatze zu einem civilen, muß somit in Erscheinung gebracht werden und wenn es ist, muß es auch erscheinen, daß das Gesetz keine Prozeßweise liefert und Bestrafung bestimmt, und der Fall unversehen ist, so viel als es eine militärische Macht besitzt und daß der Fall unbestraft fallen gelassen werden muß. Aber da sowohl das bürgerliche und gemeine, wie auch das Statuten-Gesetz alle Arten von Vergehen in sich schließt, welche zu bestrafen die Vereinigten Staaten für nöthig befunden haben, so sind in allen solchen Fällen die Civilgerichte mit allen nöthigen Jurisdictionen versehen.

In einem Kriegsgerichte, wenn die Anklage kein Verbrechen bezeigt, welches im Allgemeinen und specifisch durch irgend einen Kriegsartikel bestimmt wird, muß der Gefangene freigesprochen werden (O'Brien, 5; Seite 235), noch ist es genug, daß die Anklage ein dem Kriegsgesetze bekanntes Verbrechen ist. Der Thäter, wenn er es begeht, muß der militärischen Rechtsbarkeit unterworfen werden.

Das allgemeine Gesetz besitzt die höchste und unbestrittenste Jurisdiction über Alle. Das Kriegsgesetz kann solche Ansprüche nicht machen. Es zielt nur darauf hin, den Soldaten zu zwingen, die von ihm übernommenen Pflichten zu vollbringen.

Es stellt nur Tribunale für die Prozessirung gegen die Kriegsregeln verübte Vergehungen. (O'Brien. Seite 26 und 27). Das eine Gesetzbuch, das bürgerliche, schließt in sich alle Bürger ein, ob Soldaten oder nicht. Der andere hingegen hat gar keine Jurisdiction über Bürger. Er beschloß, daß dieser Sachverhalt deutlich genug durch den fünften Artikel der Constitution bewiesen sei, und daß er nur aus dem Grunde angenommen wäre, um solchen Fällen zu begegnen.

Im Laufe seines Argumentes sagte Mr. Johnston, daß er diese Gerichtsbarkeit-Frage nur aus dem Grunde vorgebracht habe, weil er mit gutem Gewissen glaube, daß es seine Pflicht sei. Er suche nicht die Straflosigkeit irgend eines, welcher seine Hand dem schrecklichen Verbrechen am Abende des 14. April geliehen habe: Die Civilgerichte dieses Districtes hätten reichliche Gerichtsbarkeit und würden sie gewissenhaft gebrauchen, wenn man ihnen die Fälle zuschicke. Was den Fall der Mad. Surratt anbeträfe, verwiese er auf sie als eine Frau, die als eine fromme Christin erzogen worden sei, immer wohlwollend, liebevoll und wohlthätig, mit keinem uns bekannten Beweggründe, welcher sie jemals bewogen haben würde, an dem in Frage stehenden Verbrechen Theil zu nehmen. Er sagte, wir hätten keine unwidersprochene Beweise, daß sie eine Theilnehmerin sei.

Mr. Cox bestritt dann, daß seine Clienten Arnold und O'Laughlin gültig seien, als sie in der Spezification angeklagt wurden; daß sie nur, und mit sehr wenig Wärme, an dem Plane Theil genommen hätten, den Präsidenten zu fangen; und daß sie deshalb nicht für Mordverschwörung gestraft werden könnten; er ersuche demnach, daß man sie freispreche.

In Mr. Doester's Argumente, zu Gunsten Payne's wurde das Publikum zuerst darüber aufgeklärt, wer diese geheimnißvolle Persönlichkeit sei. Er hatte hartnäckig verweigert, irgend etwas über seine Herkunft oder seinen früheren Wohnort zu sagen; allerlei wilde Geschichten, die ihn betrafen, waren im Umgange, unter anderem, daß er ja sogar ein natürlicher Sohn von Jeff. Davis selbst sei. Aber nach den Angaben nnd Aufklärungen des Mr. Doester lernte man, daß sein wahrer Name Louis Payne Powell und er ein Sohn von Rev. Georg C. Powell, einem Baptistenprediger sei, welcher zur Zeit, wie man glaubte auf der Live Oak Station lebte, an der Eisenbahn zwischen Jacksonville und Tallahassee, im Staate Florida. Er (Payne) wurde im Jahre 1845 in Alabama geboren. Außer ihm hatte sein Vater noch sechs Töchter und zwei Söhne. Er lebte eine Zeit lang in Worth und Stuart County, Georgia und zog im Jahre 1859 nach Florida. Beim Ausbruche des Krieges, nur vier Jahre zurück war der Gefangene noch ein Knabe von 16 Jahren und war Aufseher über seines Vaters Pflanzung und einer Anzahl Sklaven. Wie andere junge Südländer ging er in die Rebellenarmee und wurde Hill's Corps bei Richmond zugetheilt. Er war zwischen den Schurken, woraus dieses Corps bestand, welche Ringe und Trinkbecher aus den Schädeln und Knochen unserer Gefallenen machten und unsere Verwundeten auf dem Schlachtfelde kaltblütig ermordeten, daß er den Katechismus seiner Sittenlehre lernte.

Während er in Richmond war, ging er zum ersten Male in seinem Leben in ein Theater und sah dort Wilkes Booth spielen; und da er durch die Vorstellungen dieses Schauspielers fast bezaubert wurde, suchte und machte er dessen Bekanntschaft, und beide wurden sogleich flotte Freunde.

Payne, oder Powell, wurde hernach gefangen genommen und wieder in Freiheit gesetzt, als er den Eid der Treue ablegte. Während er in Washington umher ging, begegnete er Booth, welcher sehr überrascht zu sein schien. Er sagte zu Booth: „Ich muß was zu essen haben oder ich verhungere." Unter andern Umständen hätte ihm Booth vielleicht Brod gegeben, aber er hatte jetzt einen wichtigen Plan im Sinne; denn er war kürzlich von Canada gekommen und wartete um Agenten zu bekommen. Er beutete mit Begierigkeit des armen Mannes Hunger aus, um ihn in sein Netz zu stricken, indem er sagte: „Ich will dir so viel Geld geben, als du wünschest, wenn du schwörest, es mit mir zu halten; es ist im Oelgeschäfte." Ein hungriger Magen ist nicht so ganz achtsam auf Schwüre, und Powell legte dann den verhängnißvollen Schwur ab, der seine Seele so fest an Booth schmiedete, als Faust seine an Mephistopheles, worauf sie eintraten und aßen. Am nächsten Morgen gab ihm Booth genug Geld, um sich einen anderen Anzug Kleider zu kaufen und sich eine Woche hindurch zu unterhalten. Bald nachher machte er dem Manne sein Vorhaben klar, aber nur nach und nach, damit er sich seiner versichere. Der Plan war, nach Washington zu gehen, mit Conföderirten nach der Soldaten-Heimath zu reiten, den Präsidenten gefangen zu nehmen und ihn den Rebellenbehörden auszuliefern. Am Abende des 14. April sagte ihm Booth um acht Uhr, daß die Stunde geschlagen habe, gab ihm das Messer, den Revolver und die Bogusmedicin in die Hand und sagte ihm ferner, seine Pflicht rechtschaffen zu vollführen; gab ihm sein Pferd, mit Directionen, ihn bei der Anacastia Brücke zu treffen. Er ging, wie geheißen und beging die That. „Ich fragte ihn," sagte Mr. Doester, warum er das gethan habe." Seine einzige Antwort war: „Weil ich glaubte, daß es meine Pflicht sei.

Mr. Doester bat das Gericht um Milde, so weit es die Gerechtigkeit erlaube.

Am 20. Juni las der Vertheidiger Atzeroth's eine von dem Gefangenen gemachtr Erklärung, mit dessen eigenen Namen unterschrieben, in welcher er sagte:

„Ich gehöre zu denen, die beschlossen, entweder den Präsidenten der Vereinigten Staaten, oder irgend ein Mitglied des Cabinets, oder Gen. Grant oder Vice-Präsident Johnson gefangen zu nehmen. Der Gefangennehmungsplan schlug fehl; von dem zweiten, zu morden, brach ich mich los, sobald ich ihn vernahm. Es trug sich ungefähr folgendermaßen zu: Am Abende des 14. April traf ich Booth und Payne im Herndon Hause in dieser Stadt um acht Uhr. Er (Booth) sagte, daß er selbst Mr. Lincoln und General Grant übernehmen wolle, während Payne Mr. Seward und ich Mr. Johnson nehmen solle. Ich sagte ihm, daß ich solches nicht thuen werde, daß ich mich eingelassen habe, ihn zu fangen, aber morden wolle ich nicht. Er sagte mir, ich sei ein Narr, daß man mich doch hängen würde; daß es den Tod jedem bringe, den austretenden sowohl, als den zurückstehenden." Er gab dann die Einzelnheiten seiner Flucht und seiner Verhaftung, wie schon vorher ist erzählt worden.

Die Argumente der Vertheidiger der übrigen Gefangenen waren nur Uebersichte der Zeugnisse und beabsichtigten nur, die Angeklagten zu entschuldigen. Der Gerichtshof vertagte sich dann bis Dienstag, den 27sten Juni, wenn Richter Bingham, vonwegen der Anklage, auf die Argumente der Anwälte der Gefangenen und namentlich die Rechtsbarkeit des Gerichtshofes betreffend antwortete. Das Argument des Richters, obgleich nothwendiger Weise lang, war deutlich und mit der größten Sorgfalt aufgefaßt. Er drang darauf hin, daß das Verbrechen in Kriegszeit begangen worden sei; daß es die geschmiedeten Pläne der Rebellenbehörde sei, und die Gefangenen nur als willige Instrumente ihrer Hände gedient hätten; daß es ausgeübt worden sei an der Person des Oberanführers der Armeen der Vereinigten Staaten, in den Mauern einer befestigten und mit Garnison versehenen Stadt. Er führte eine Entscheidung der Supreme Court der Vereinigten Staaten an, um zu beweisen, daß öffentliche Feinde nicht der Prozessirung eines Geschworenengerichtes unterworfen seien; daß diese Männer öffentliche Feinde seien, weil autorisirt von Jeff. Davis und seinen Agenten zu diesem Verbrechen; aber da die That nicht in den Grenzen einer rechtmäßigen Kriegsführung sich befände, müßten die Theilnehmer die Folgen tragen. Unter andern Dingen sagt er:

„Die Rebellion, zu deren Hülfe diese Verschwörung angestiftet und dieses große Verbrechen vollbracht wurde, wurde weder für die Vertheidigung des Rechtes, noch die Wiedergutmachung von geschehenen Unbilden, sondern es war nur allein eine verbrecherische Verschwörung und eine riesige Ermordung. Das Gericht habe schon den Prozeß der Jurisdiction überwälltigt; er wolle mit Stillschweigen darüber hinschreiten, wenn nicht aus der Thatsache, daß der Vertheidiger der Angeklagten es so ernst disputirt habe. Die Autorität des Präsidenten zu läugnen, eine solche Commission zusammen zu rufen, ist eine Behauptung, daß dieses Tribunal kein Gerichtshof der Gerechtigkeit sei, keine gesetzliche Existenz besitze und keine

Gewalt habe, Gehör zu schenken und die verbundenen Entscheidungen zu bestimmen. Als der Anwalt der Gefangenen diese Behauptung machte, sollte er gezeigt haben, wie der Präsident auf andere Weise seinen Pflichten nachkommen könne, die ihm auferlegt wurden durch den Eid, die Constitution zu beschützen, vertheidigen und zu erhalten und Acht zu haben, daß die Gesetze gewissenhaft vollführt würden. Auf die Behauptung, daß Civilgerichte in dem Districte offen seien, antwortete er, daß sie in der halben Republik geschlossen und in diesem Districte nur durch die Schärfe des Bajonettes offen seien. Wenn man den Rebellenbanden, die die Nachbarschaft unsicher machen, es erlauben, daß ihre Verbündeten in dieser oder einer anderen Court gerichtet würden. Der Verschworene der den Präsidenten mordete, wurde nicht durch Bürgerprozeß gefangen, sondern durch militärische Macht verfolgt, gefangen und getödtet. War es ein Act der Usurpation? Wer im Lande ist kühne oder niedrig genug, solches zu behaupten? Wenn der Präsident in diesem Acte gerechtfertigt ist, was für ein Gesetz verurtheilt ihn für die Verhaftung auf gleiche Weise und Unterwerfung zur Prozessirung nach dem Kriegsgesetze alle übrigen mit der Verschwörung verbundenen?"

Erklärungen der Zeugen.

Da eine große Anstrengung gemacht wurde, das Zeugniß Conover's sich auf das Betragen Thompson's und anderer in Canada beziehend, in Zweifel zu ziehen, wurde der Zeuge am 27. wieder aufgerufen und erklärte alles, was widersprechend erschien. Er sagte, daß er bei dem Namen Wallace ging, aber daß ein anderer Wallace sei, der in dem Falle der St. Albans Streifer gezeigt habe. Er bezeugte dieses, indem er Auszüge aus den Montreal Zeitungen vorzeigte, welche einen Bericht der Vergehungen enthielten.

Personen hatten in Anspruch gebracht, daß Clay nicht im Februar in Toronto gewesen sei; aber daß solches doch der Fall war, wurde durch mehrere Zeugen bewiesen.

Nachdem er sein Zeugniß abgelegt hatte, kehrte Canover zurück, nnd für eine Weile hörte Niemand etwas von ihm; aber in der Zwischenzeit wurde ein Statement in dem „Montreal Telegraph" publicirt, gezeichnet „James Watson Wallace," welches anzeigte, daß er die Person sei, die in dem St. Albans Prozesse Zeugniß ablegte und daß er nie in Washington vor einer Kriegscommission gestanden habe. Dieses, wie jetzt auskömmt, wurde von Conover selbst aber unter folgenden Umständen geschrieben. Er ging nach Montreal für Richter Holt um eine bezeugte Copie einiger Documente zu erhalten, als er sich plötzlich von einem Dutzend oder noch mehreren Verschworenen umringt sah, und — aber sein Statement wird von größerem Werthe in seinen eigenen Worten sein. Er sagte: „Ich ging in einen Saloon um zu warten, bis die öffentlichen Geschäftshäuser geöffnet wurden. Während ich dort saß, umringten mich in zehn Minuten ein Dutzend Rebellen und beschuldigten mich, ihr Geheimniß verrathen zu haben. Da ich nicht wußte, daß mein Bekenntniß zu der Zeit veröffentlicht sei, so läugnete ich es ab; sie sagten, wenn ich ihnen einen Brief von der Wirkung geben wolle, würde es recht sein. Gerade als ich mich wegmachen wollte, trat Beverly Tucker ein; er sagte, ein Brief allein würde nicht genügen, weil ich vor der Court gezeugt habe; deswegen müsse ich unter einem Eide ein Schreiben geben, welches die Abläugnung hinlänglich stark mache. Ungefähr ein Dutzend dieser Männer griffen mich auf eine wüthende Weise an und O'Donnell zog eine Pistole hervor und sagte, daß ich ohne die Vollbringung des Verlangten das Zimmer nicht lebendig verlassen könne. Zuletzt sagte Sanders: „Wallace, Sie sehen, in welchen Händen Sie sich befinden;" worauf ich endlich ja sagte. Es war verstanden, daß ich das Schreiben auf meine eigene Weise anfertigen solle. Ich beschloß aber, das Schreiben nicht auszufertigen, sondern sobald als möglich auf die passendste Gelegenheit zu entfliehen. Sie bestanden darauf, daß ich nach O'Donnell's Zimmer gehen müsse und ich wurde gezwungen einzuwilligen. Mr. Kerr, der die St. Albans Streifzügler vertheidigte, wurde dann gerufen, das Schreiben anzufertigen. Zwei von Morgan's Männern waren dort; eine Pistole wurde auf mich gerichtet; Kerr kam; das Schreiben wurde zugerichtet; ich unterzeichnete es und ging dann durch die Ceremonien eines Eides.

Nachdem dieses Zeugniß und die schließlichen Argumente für die Anklage gehört waren, vertagte sich die Court bis Donnerstag, den 29. Juni, als sie wieder in geheimer Sitzung zusammen kam um 11 Uhr Vormittags, um einen Urtheilsspruch zu fällen, welcher dem Präsidenten zur Examination vorgelegt wurde; die Natur desselben wurde im Geheimen gehalten, bis seine Entscheidung gemacht wurde.

Das Urtheil der Mordverschworenen.

Die Krankheit des Präsidenten machte ihn unfähig, nicht eher eine Uebersicht über die Zeugnisse zu vollenden bis Donnerstag, den 6. Juli, als folgender Urtheilsspruch veröffentlicht wurde:

Durch die Militärcommission, ernannt durch Spezial Order No. 211, Section 4, von der Kriegsdepartements General-Adjutanten Office, von welcher General-Major David Hunter, Ver. Staaten Voluntärs, Präsident ist, sind folgende Personen verhört und wie folgt verurtheilt:

Erstens. David E. Harrold, schuldig der Specifikation, ausgenommen wegen der Conspiration mit Edward Spangler, und durch die Commission verurtheilt, gehangen zu werden, bis der Tod erfolgt, zu solcher Zeit und an solchem Platze, als der Präsident der Vereinigten Staaten bestimmen mag. Zwei Drittel der Commission mit dem Urtheil einverstanden.

Zweitens. Georg A. Atzeroth, der Anklage schuldig befunden, ausgenommen der Conspiration mit Edward Spangler, und verurtheilt gehangen zu werden, bis der Tod erfolgt, zu solcher Zeit und an solchem Platze, als der Präsident der Vereinigten Staaten bestimmen mag. Zwei Drittel der Commission mit dem Urtheil einverstanden.

Drittens. Louis Payne, der Anklage schuldig befunden, ausgenommen der Conspiration mit Edward Spangler, und verurtheilt, gehangen zu werden, bis der Tod erfolgt, zu solcher Zeit und an solchem Platze, als der Präsident der Ver. Staaten bestimmen mag. Zwei Drittel der Commission sind mit dem Urtheil einverstanden.

Viertens. Mary E. Surratt, der Anklage schuldig befunden, ausgenommen in Betreff des Aufnehmens und Verbergens von Samuel Arnold und Michael O'Laughlin, und ausgenommen der Conspiration mit Edward Spangler, und von der Commissin verurtheilt, gehangen zu werden, bis der Tod erfolgt, zu solcher Zeit und an solchem Platze, als der Präsident der Ver. Staaten bestimmen mag. Zwei Drittel der Commission mit dem Urtheil einverstanden.

Präsident Johnson genehmigte die vorstehenden Urtheile in folgender Order:

Executiv Mansion, den 5. Juli 1865.

Die vorhergehenden Urtheile in Betreff von David E. Harrold, Geo. A. Atzeroth, Louis Payne und Mary E. Surratt sind hiermit bestätigt und wird befohlen, daß die Urtheile an David E. Harrold, Georg A. Atzeroth, Louis Payne und Mary E. Surratt durch die betreffende Militärbehörde unter Direction des Kriegssekretärs am 7. Juli 1865, zwischen 10 Uhr Vormittags und 2 Uhr Nachmittags vollzogen werden sollen.

(Gezeichnet)

Andrew Johnson, Präsident.

In Beziehuug auf O'Laughlin, Spangler, Arnold und Mudd wurden folgende Urtheile gefällt:

Fünftens. Michael O'Laughlin, der Specifikation schuldig befunden, ausgenommen der folgenden Worte: „und in der Ausübung der mörderischen und verrätherischen Zwecke an den Abenden des 13. und 14. Aprils A. D. 1865 zu Washington City, innerhalb des vorbenannten Militär-Departements, besagter Michael O'Laughlin zu benannter Zeit und Ort dem Ulysses S. Grant, dem General-Lieutenant und Commandant der Armeen der Vereinigten Staaten, auflauerte mit der Absicht, besagten Ulysses S. Grant zu ermorden, von besagten Worten nicht schuldig befunden und ausgenommen der Verbindung und Conspiration mit Edward Spangler, wovon nicht schuldig befunden. Urtheil: Lebenslängliches Gefängniß mit harter Arbeit.

Sechstens. Edward Spangler, nicht schuldig der Specifikation, ausgenommen der Worte, daß besagter Edward Spangler am genannten 14. April 1865 besagten John Wilkes Booth behülflich war in seiner Flucht nach der Ermordung des Präsidenten Lincoln und davon schuldig befunden, indem er zur Zeit wohl wußte, daß der Präsident durch genannten John Wilkes Booth war ermordet worden. Die Commission verurtheilte deshalb besagten Spangler zu harter Arbeit und Gefängniß für sechs Jahre.

Siebentes. Samuel Arnold der Specification schuldig befunden, außer der Conspiration mit Edward Spangler, wovon nicht schuldig. Die Commission verurtheilte ihn deshalb zu lebenslänglichem Gefängniß bei harter Arbeit.

Achtens. Samuel A. Mudd, der Specifikation schuldig befunden, ausgenommen der Conspiration mit Edward Spangler, wovon nicht schuldig befunden, also ausgenommen des Aufnehmens und Verbergens von Louis Payne, John H. Surratt, Michael O'Laughlin, Georg A. Atzeroth, Mary E. Surratt und Samuel Arnold, woran nicht schuldig. Urtheil: lebenslängliches Gefängniß bei harter Arbeit.

Der Befehl des Präsidenten in Beziehung auf diese Fälle lautete wie folgt:

Es wird weiter befohlen, daß die Gefangenen, Samuel Arnold; Samuel A. Mudd; Edward Spangler und Michael O'Laughlin in der Penitentiary zu Albany, N. Y. für die Zeit ihrer respectiven Urtheile gefangen gehalten werden.

(Gezeichnet)

Andrew Johnson, Präsident.

Sobald als diese Order veröffentlicht war, wurde ein Versuch gemacht, der Frau Surratt eiuen Pardon oder wenigstens eine Frist zu verschaffen und die Gefangene bat selbst, ihr vier Tage zu erlauben, um sich für den Tod vorzubereiten. Ihre Bitte wurde durch die Bitten ihrer Tochter, ihrer geistigen Rathgeber, zweier katholischen Geistlichen, begleitet; ihr

Vertheidiger reichte auch einige Umstände ein, welche, wie sie glaubten, die Strenge ihrer Strafe mildern würde. Aber der Präsident konnte nichts in diesen neuen Beweisen finden, welches hätte das Urtheil wechseln können, und er weigerte sich, sie zu empfangen und die Vorbereitnngen für die Hinrichtung wurden getroffen.

Entschlossen, keine Anstrengungen unversucht zu lassen, wandten sich die Vertheidiger der Frau Surratt an das Gericht um einen Habeas Corpus Befehl, und halb neun Uhr Morgens, am Tage der Hinrichtung, erließ Richter Aiken folgendes:

In Sachen der Frau Surratt. Eine Petition für Habeas Corpus. Der Präsident der Vereinigten Staaten zu Gen. Major Hancock, commandirend die Mittlere Division, grüßend:

„Sie sind hierdurch befohlen, den Körper der Mary E. Surratt unter ihrem Schutze zurückzuhalten, zusammen mit dem Tage und der Ursache, weßhalb sie genommen und zurückgehalten wurde, unter irgend welchem Namen sie in demselben genannt werden mag, vor der Court des Distriktes von Columbia, jetzt in Sitzung in der Stadt Washington, um 10 Uhr am Morgen dieses 7. Juli 1865, zu thun und zu empfangen, was dessentwegen beschlossen worden."

Zeuge, Andrew Wylie, einer der Richter der Supreme Court des genannten Distrikts am 7. Juli 1865.

(Gezeichnet)

J. R. Meigs, Clerk.

Indossirung:

„Ich bescheinige hiermit, daß ich eine Copie des Writ of Habeas Corpus an General W. S. Hancock servirt habe an diesem Tage, dem 7. Juli 1865 um 8½ Uhr, im Metropolitan Hotel, Washington City, D. C."

(Gezeichnet)

David Gooding,
Ver. Staaten Marschall, D. C.

Dieses wurde Gen. Hancock im Metropolitan Hotel übersandt, worauf dieser es sogleich dem Kriegsdepartement übersandte und zehn Minuten nach zwölf Uhr erschien er auf dem Gerichte und machte bekannt, daß er den Habeas Corpus Writ empfangen habe, in Hinsicht der Mary E. Surratt, deren Körper jetzt in seinem Besitze sei, und daß er ihn nach dem Befehle des Präsidenten nicht herausgeben könne..

Der Befehl des Präsidenten lautete:

Exekutiv-Office, 7. Juli 1865.

„Ich, Andrew Johnson, Präsident der Vereinigten Staaten, erkläre hiermit, daß der Writ of Habeas Corpus hierzuvor aufgehoben war, in solchen Fällen wie dieser und thue ich denselben speciell suspendiren und befehle, daß die früher nach dem Urtheil der Militär-Commission gegebene Order durch Sie ausgeführt werde und werden Sie diese Order als Antwort auf den Writ einreichen."

(Gezeichnet)

Andrew Johnson, Präsident.

Die Hinrichtung.

Payne, Harrold und Atzeroth erwarteten vom Anfang an nichts Anderes, wie Tod. Als ihnen und Frau Surratt das Todesurtheil vorgelesen wurde, zeigte sich Payne sehr gefaßt, wie er während des ganzen Prozesses gethan hatte; Atzeroth aber war sehr angegriffen weinte bitterlich und frug nach einem lutherischen Prediger. Vor seinem Tode sagte er nochmals, daß er sich nie zur Ermordung des Präsidenten oder einer anderen Person verschworen habe. Harrold verlangte nur noch eine Zusammenkunft mit seiner Familie. Frau Surratt verlangte Vater Walter, um ihr in ihren letzten Momenten beizustehen.

Das vierte und erste Regiment von Hancocks Corps und ein großes Detachement des sechszigsten Ohio Regimentes marschirten nach dem Gefängnisse. Das erste (Hancocks) Regiment wurde im südlichen Hofe aufgestellt, das Vierte auf den Mauern und bei den Thüren, während das sechzigste Ohio Regiment seine Position auf der Außenseite einnahm, so daß schon früh am Morgen starke Wachen aufgestellt wurden, um den Andrang von Zuschauern zu verhüten, und nur solche, die mit Tickets vom General-Major Hancock versehen waren, wurden eingelassen.

Die Verwandten von Mad. Surratt und von Harrold brachten den größten Theil des Vormittags bei ihnen zu, und auch geistlicher Zuspruch wurde ihnen zu Theil, ebenso Payne und Atzeroth.

Einige Minuten nach zehn Uhr wurden die äußeren Gefängnißthüren geöffnet und Mad. Surratt wurde von zwei Militär-Offizieren nach dem Galgen geleitet.

Mehrere hundert Zuschauer beobachteten ängstlich die ergreifende Scene. Der Priester, welcher Payne begleitete, dankte in dessen Namen dem Gen. Hartruft und den Offizieren und Soldaten für ihre persönliche Freundlichkeit, indem sie kein liebloses Wort oder Zeichen gegeben, sondern Mitgefühl mit seinem Unglück zu haben schienen.

Zunächst kamen Atzeroth, Harrold und Payne, begleitet von ihren Geistlichen und wurden in folgender Ordnung auf ihre Sitze geführt: Mad. Surratt, Payne, Harrold und Atzeroth.

General-Major Hartruft, der vom Anfang an die Gefangenen unter seiner Obhut hatte, trat vor und verlas die publizirte Order des Kriegs-Departements. Eine starke Wache umgab die Mauern und auf zwei Seiten des Platzes waren Soldaten aufgestellt.

Die Priester, welche Payne und Harrold begleiteten, sprachen jeder ein kurzes Gebet. Harrold war zu Thränen gerührt. Auch der den Atzeroth begleitende Priester rief die Gnade Gottes für die Gefangenen an und dankte dem Gen. Hartruft und den anderen Offizieren für die freundliche Behandlung.

Die Verurtheilten mußten nun von ihren Sitzen aufstehen, worauf die Stühle entfernt wurden. Sie befanden sich nun Alle vor den Fallbrettern; ihre Hände wurden auf ihren Rücken befestigt und ihre Beine über und unter den Knieen gebunden und weiße Mützen über ihre Köpfe gezogen.

Atzeroth rief während der Vorbereitung: „Gentlemen, lebt wohl, habt gut Acht; good bye, Gentlemen! Nun, ehe wir —"

Einer der dabei stehenden Geistlichen rief aus: „Mögen wir uns Alle in der anderen Welt wiedersehen!"

Mad. Surratt war die Letzte, welcher die Schlinge umgelegt wurde; sobald dies an Allen geschehen, fiel der Theil des Bodens, auf welchem sie gestanden hatten, plötzlich, und die Verbrecher hingen mehrere Fuß hoch über der Erde. Mad. Surratt und Payne bewegten kaum eine Muskel, Atzeroth machte einige Bewegungen, aber Harrold zeigte mehr nervöses Gefühl, als irgend einer der Anderen.

Die Körper blieben hängen, bis der Tod erfolgt war und wurden nachher in rohe, zu dem Zweck bereit gehaltene Särge gelegt. Die sämmtlichen Arrangements für die Hinrichtung waren perfekt. General-Major Hancock war während der ganzen Prozedur anwesend.

* * *

So hat Gerechtigkeit Diejenigen getroffen, die wenige Wochen zurück als Theilnehmer jenes schauerlichen und schrecklichen Trauerspieles eine ganze Nation in Trauer versetzten. Leben für Leben mußte genommen, das Gesetz befriedigt und ein Beispiel statuirt werden, welches in zukünftigen Zeiten Männer vor der Theilnahme an solchen Gräuelthaten zurückschrecken wird. Diejenigen, die für ihre Verbrechen von hier geschieden sind, sind in eine andere Welt gegangen und vor ein höheres Tribunal, wo ihr Schicksal dem sterblichen Auge versiegelt ist, und wo sowohl jeder Gedanke, als jedes Werk seinen gerechten Richter findet.